著作成果依托项目：国家社科基金课题"综合收益概念框架、报告体系以及信息运用研究"

综合收益信息的决策有用性研究

Research on the decision usefulness of comprehensive income information

李 梓 著

中国财经出版传媒集团

经济科学出版社
Economic Science Press

图书在版编目（CIP）数据

综合收益信息的决策有用性研究/李梓著 . —北京：
经济科学出版社，2019.1
ISBN 978 - 7 - 5218 - 0270 - 2

Ⅰ.①综…　Ⅱ.①李…　Ⅲ.①证券投资－投资
分析　Ⅳ.①F830.91

中国版本图书馆 CIP 数据核字（2019）第 028957 号

责任编辑：庞丽佳
责任校对：隗立娜
责任设计：齐　杰
责任印制：邱　天

综合收益信息的决策有用性研究
李　梓　著
经济科学出版社出版、发行　新华书店经销
社址：北京市海淀区阜成路甲 28 号　邮编：100142
总编部电话：010 - 88191217　发行部电话：010 - 88191522
网址：www. esp. com. cn
电子邮件：esp@ esp. com. cn
天猫网店：经济科学出版社旗舰店
网址：http://jjkxcbs. tmall. com
固安华明印业有限公司印装
710×1000　16 开　13.75 印张　210000 字
2019 年 1 月第 1 版　2019 年 1 月第 1 次印刷
ISBN 978 - 7 - 5218 - 0270 - 2　定价：49.00 元

前　言

随着综合收益信息的披露，人们对于综合收益信息的关注日益增加，关于综合收益价值相关性及其列报的研究也越来越多。从会计准则的角度出发，综合收益信息披露的目标是提高会计信息透明度，增加投资者的决策有用信息。因此，从理论上对于这部分已确认未实现的会计信息列入其他综合收益并予以披露，可以提高会计信息的决策有用性。然而，也有一部分学者认为其他综合收益信息波动性大，将这部分公司难以控制的未实现损益在报表中尤其是利润表中列示不利于企业传递未来实际的现金流获取能力和盈利能力的信息，可能导致投资者对企业的情况作出错误的判断，这也是目前国际会计准则制定者与会计信息提供者之间关于披露综合收益信息的矛盾所在，即准则制定者期望在利润表中披露综合收益具体信息能提高会计信息透明，而根据班伯（2010）研究发现，超过80%的样本公司考虑到综合收益波动性的影响选择在所有者权益变动表中披露信息。我国在综合收益的信息披露方面采用统一的披露方法，2014年财政部对《企业会计准则第30号——财务报表列报》（以下简称CAS 30）进行了修订，要求在利润表中列示综合收益信息的具体信息，同时，在资产负债表中增加列示其他综合收益的累计余额。

理论上综合收益涵盖了当期已确认已实现的损益和已确认未实现的损益，提高了会计信息的透明度，增强了会计信息的相关性，然而对于综合收益信息的运用却并未与目前的披露相匹配，无论在企业决策、风险控制还是业绩评价方面运用的程度都不高，笔者认为主要基于以下原因：一是综合收益、净利润以及其他综合收益缺乏客观的界定，造成会计信息的提供者和使用者在运用该信息时存在误区；二是由于综合收益及其组成部分的会计信息质量的不确定性，理论界和实务界普遍认为只有净利润指标具有价值相关性，而其他综合收益则缺乏预测能力和可持续性，导致综合收益中的一项重要的指标其他综合收益被排除在价值评估的重要环节；三是源于市场价值变动引起的综合收益和其他综合收益的波动性，使得综合收益相关的数据缺乏可靠性，然而从另一个角度来看这种波动性可能提高了会计信息的相关性，帮助会计信息使用者及时有效地识别企业可能面临的各项风险，尤其是与市场相关的风险。因此，本书针对上述问题对综合收益及其组成部分展开系统的研究，基于市场价值提供决策有用信息的特征，以资产负债观为基础首先分析综合收益及其组成部分的内涵和理论基础，在此基础上通过统计性描述分析、相关性分析和多元回归分析对综合收益及其组成部分的预测能力、价值相关性、风险相关性展开实证研究。根据决策有用性理论，投资者构成了会计信息的主要使用者，对于投资者而言信息的需求主体包括专业的证券分析师和非专业的投资者两部分，之前对综合收益信息决策有用性的研究更多的是基于理论层面展开，极少将理论层面和实务层面结合起来研究，本书将进一步研究综合收益信息对证券分析师预测误差的影响，检验综合收益是否为分析师预测提供增量信息，提高分析师预测的准确度。

本书通过理论梳理和实证研究得到以下结论：

第一，综合收益对未来盈余和经营活动现金流均具有预测能力，尤其在非金融行业表现更为显著且影响更为持久；对于不同行业其他综合收益的盈利预测能力也存在显著差异，其中在金融行业当期以及滞后一期的其他综合收益均与未来盈余显著相关，然而在非金融行业则不显著。

第二，实证研究发现综合收益和净利润均有价值相关性，而其他综合收益及其组成部分采用价格模型和收益模型得到的价值相关性结论并不一致，可以看出其他综合收益及其组成部分的价值相关性并不稳定。此外本书基于会计准则修订前后综合收益在不同财务报表呈报检验综合收益及其组成部分的价值相关性，结果表明在利润表中列示的其他综合收益较所有者权益变动表更具价值相关性。

第三，从风险信息含量的角度发现每股其他综合收益的波动性与股票回报率的波动显著正相关，该结论仅适用于非金融行业，而对于金融行业盈余的波动并不具有风险相关性；从盈余波动的价值相关性来看，每股净利润波动具有显著的价值相关性，而每股其他综合收益波动不具有价值相关性；然而盈余的波动，尤其是不同方向的波动均对盈余的价值相关性产生显著的影响。

第四，从证券分析师视角出发，研究其他综合收益对分析师盈余预测的影响，并进行实证检验。结果表明其他综合收益强制披露后分析师盈余预测准确性得到提高，结论支持现阶段其他综合收益信息在分析师盈利预测中的作用。然而在分析师盈利预测中仅在预测当期利用综合收益的会计信息，并未在远期的预测中充分考虑综合收益带来的增量信息。

总体而言，本书分别从信息预测能力、价值相关性、风险相关性方面对综合收益及其组成部分的信息决策有用性进行了综合分析，研究肯定了综合收益及其构成在会计信息使用者对企业进行评价和预测过程中发挥的作用，并对相关的会计准则制定机构、会计信息使用者和上市公司提出政策建议。

李 梓

2019 年 1 月

目 录

|第1章|

绪 论

综合收益是指企业在某一期间除与所有者以其所有者身份进行交易之外的其他交易或事项所引起的所有者权益变动。它包括这一期间内除业主投资和派给业主款项外一切权益上的变动。根据损益满计观企业在会计年度内发生的经营活动实现的收入、费用、利得或损失的变动均应计入利润表，综合收益的运用符合该观点，综合收益主要是由利润表中的净利润和其他所有除了与股东直接交易产生的各种未计入损益的权益变动构成，这些权益变动也属于利得或损失，是那些按照传统收益确认原则没有确认为当期的损益，但对企业未来的现金流量和损益的确认均会产生重大的影响。在综合收益中既包括企业正常经营活动产生的利得和损失，又包括非正常经营活动产生的利得或损失。

传统的会计净利润主要遵循历史成本原则与稳健性原则，反映的是企业过去的交易产生的利得与损失，然而企业面对日益复杂的经济环境和交易活动，传统的会计收益信息难以满足财务报告信息使用者多元化的需求，会计信息使用者需要企业披露更多与决策相关的会计信息，因此，传统的会计利润在学术界经常被称之为不洁盈余，企业将会计信息进行确认、计量、报告时存在较大的噪音，而综合收益的出现将一系列未在利润表中列示的事项披露出来，一方面满足了资产负债观的要求，解决了资产负债表中衍生金融工具、外币换算、资产重估等产生的收益无法在表内披露、确认的难题；另一方面也满足了损益满计观的要求，在收益报告中不但包括按照历史成本原则确认已实现的收入、费用、利得和损失，同时还包括以市场价格为基础的已确认未实现的利得或损失。因此，综合收益提高了会计信息的透明度，为会计信息使用者提供与决策相关的更多信息，同时，降低了会计信息使用者在市场上寻找企业相关信息的成本。

近年来，各国会计准则委员会对综合收益会计信息披露作了规范，综合收益成为一项强制性的会计信息披露出来，我国于 2006 年颁布的与国际会计准则趋同的新企业会计准则中，首次提出了利得与损失的概念，并区分了直接计入所有者权益的利得与损失和直接计入当期损益的利得与损失。此后，财政部又自 2009 年颁布会计准则解释公告，将直接计入所有者权益的利得与损失调整为其他综合收益，同时要求上市公司披露综合收益与其他综合收益会计信息。也就是说，综合收益自此正式成为财务报告的组成部分，与综合收益相关的研究也应运而生，然而，这些研究一般多从会计信息含量的一个视角出发（如价值相关性），使得这些研究缺乏系统性和连续性，因此，得到的结论也不尽相同。因此本书希望通过对综合收益展开系统的研究，研究的方法涵盖了理论分析、案例分析和实证检验，最终对于综合收益会计信息的决策有用性有一个更为全面的认识。本书首先描述我国上市公司综合收益信息披露的现状，分析综合收益的各项构成在会计准则修订之后的披露状况。

1.1 研究背景

表 1-1 为我国 A 股上市公司 2009~2014 年度披露的其他综合收益和净利润的绝对值比率，可以看出近半数上市公司披露了其他综合收益会计信息。在披露其他综合收益信息的公司中，其他综合收益占净利润比重多集中于 0~5%。此外还有少部分公司其他综合收益的绝对值超过了当年净利润的绝对值。

表 1 - 1　　　　　其他综合收益和净利润的绝对值比率　　　　单位：%

其他综合收益/净利润（绝对值）	2009 年	2010 年	2011 年	2012 年	2013 年	2014 年
等于 0	53.23	56.59	56.50	54.80	52.17	49.32
大于 0 且小于等于 5%	24.87	26.90	27.26	32.24	31.89	32.57
大于 5% 且小于等于 10%	4.57	3.70	4.15	3.69	4.73	4.40
大于 10% 且小于等于 100%	11.78	9.01	8.85	7.37	9.07	10.78
大于 100%	5.55	3.80	3.25	1.90	2.15	2.92

资料来源：该表数据根据国泰安数据库年度财务报告数据用 EXCEL 统计得出。

我国 A 股上市公司 2009～2014 年披露综合收益信息具体上市公司数量及占比如表 1 - 2 所示，可以看到其他综合收益的信息披露无论是绝对数量还是相对数量占比都在逐年提高，尤其到 2014 年有半数以上的上市公司均披露了其他综合收益相关信息。从已披露其他综合收益的公司来看，其他综合收益为正的企业与其他综合收益为负的企业变动较大，因此需要进一步研究其他综合收益的变动原因究竟是来源于市场因素还是企业内部的经营决策。

表 1 - 2　　　　　其他综合收益信息披露情况一览

项目	其他综合收益不为零	其他综合收益大于零	其他综合收益小于零	未披露其他综合收益（或为零）	合计
2009 年	818	562	256	931	1749
占比（%）	46.77	32.13	14.64	53.23	—
2010 年	915	353	562	1193	2108
占比（%）	43.41	16.75	26.66	56.59	—
2011 年	915	236	782	1322	2340
占比（%）	43.50	10.09	33.41	56.50	—
2012 年	1116	606	510	1353	2469
占比（%）	45.20	24.54	20.66	54.80	—
2013 年	1203	446	757	1312	2515
占比（%）	47.83	17.73	30.10	52.17	—
2014 年	1335	712	623	1299	2634
占比（%）	50.68	27.03	23.65	49.32	—

资料来源：该表数据根据国泰安数据库年度财务报告数据用 EXCEL 统计得出。

表1-3进一步将其他综合收益信息进行分解，划分成可供出售金融资产公允价值变动损益、外币报表折算差额、现金流套期保值工具产生的利得或损失、按权益法核算被投资单位计入其他综合收益所享有的份额等七项，其中可供出售金融资产公允价值变动损益所占比重最大，其次为其他项目和外币报表折算差额，由于其他项目形成的原因较为复杂，因此，本书主要研究前四项其他综合收益具体项目，包括可供出售金融资产公允价值变动损益、外币报表折算差额、现金流套期工具产生的利得或损失以及按权益法核算被投资单位计入其他综合收益中所享有的份额。由于2014年修订的职工薪酬企业会计准则要求上市公司披露设定收益计划的养老金，由此产生的利得和损失计入其他综合收益中，因此，从2014年开始重新计量设定收益计划带来的利得或损失在其他综合收益中的比重明显提高，而且随着养老金计划的不断完善可以预见的是在以后的会计期间该项目所占比重会不断提高，在会计报告中基于已确认未实现的损益项目在综合收益中所占的比重也会越来越大，因此，本书抛砖引玉将其他综合收益的主要具体项目进行价值相关性研究，以期为后续的研究提供一些研究思路。

表1-3 其他综合收益具体项目占比 单位：%

其他综合收益具体项目	2009 年	2010 年	2011 年	2012 年	2013 年	2014 年
可供出售金融资产公允价值变动损益（AFS）	81.31	95.16	73.81	102.77	66.49	96.71
外币报表折算差额（FC）	0.70	2.24	27.19	-4.24	26.01	-2.83
现金流套期保值工具产生的利得或损失（DERIV）	0.63	2.14	-0.69	-1.84	0.18	-2.48
按权益法核算被投资单位计入其他综合收益中所享有的份额（LIOC）	8.83	-0.13	2.49	2.91	-0.30	-0.32
重新计量设定收益计划导致的变动（PEN）	0.00	0.04	0.09	-0.10	-0.77	-1.42
投资性房地产公允价值变动损益（IP）	0.05	-0.04	-0.11	2.51	-0.20	0.35
其他项目（OTHER）	8.48	0.59	-2.79	-2.02	8.58	10.00
合计	100	100	100	100	100	100

资料来源：该表数据根据国泰安数据库年度财务报告数据用EXCEL统计得出。

1.2 研究目的、意义及创新

1.2.1 研究目的

本书研究的重点是综合收益的决策有用性研究，相对于原利润表中披露的收益信息，增加的其他综合收益以及综合收益信息是否为会计信息使用者提供决策所需信息。综合收益包括净利润和其他综合收益，本书首先研究的是综合收益的预测能力和价值相关性，根据决策有用观，具有预测能力的会计信息可以为会计信息使用者提供决策有用的信息，因此，本书首先希望解决的问题是综合收益及其组成部分是否具有预测能力和价值相关性。其次检验其他综合收益及其各项组成部分的会计信息含量，对于其他综合收益的分类从两个部分展开：一部分是按照当期重分类的情况划分为本期发生额和前期计入其他综合收益当期转入损益两项；另一部分是按照项目分类将其他综合收益分成可供出售金融资产公允价值变动、外币报表折算差额、现金流套期工具产生的利得或损失中属于有效套期部分、按权益法核算被投资单位以后期间在满足相关条件时将重分类进损益的其他综合收益中所享有的份额四部分，其他部分还包括重新计量设定收益计划净资产或净负债导致的变化、投资性房地产公允价值变动形成的利得或损失以及其他项目，由于其他综合收益其他部分的数据较少且发生频率较低，因此，本书主要研究其他综合收益主要的前四项具体组成部分的会计信息含量。

综合收益由净利润和其他综合收益构成，而本书的研究重点是综合收益和其他综合收益，由于净利润的信息披露获得会计信息使用者的普遍关注和认可，因此，综合收益总额和其他综合收益的会计信息决策有用性还有待检验，尤其是相对于净利润增加的其他综合收益项目，反对披露其他综合收益信息的学者认为其他综合收益反映的是暂时性的损益，披露其他综合收益只会增加收益报告的噪音。而赞同披露综合收益信息的学者则认为综合收益是区分价值创造和价值分配的最为全面的会计指标，符合基于会计信息估值理论的剩余收益模型，而且可以帮助管理层和证券分析师在决策和评估企业价值过程中考虑全面的因素和情况（比尔德和崔，2006）。因此，决定综合收益信息披露价值的关键在于判断综合收益是否具有预测能力和价值相关性，综合收益主要构成是净利润和其他综合收益，综合收益相对于净利润增加的信息含量主要体现在其他综合收益，本书主要解决如下问题：（1）综合收益在净利润的基础上增加了其他综合收益的信息，那么综合收益及其组成部分是否具有预测能力？（2）相对于净利润，其他综合收益及其组成部分是否具有增量的价值相关性？

本书第二个研究的重点围绕综合收益的另一个特征波动性展开，2007年企业会计准则率先在上市公司实施，准则的一项最为重大的变化就是引入公允价值计量，导致净利润的波动增加，然而包含了公允价值变动损益的净利润仍然无法反映企业盈余变化的全貌，因此，基于"资产负债观"的综合收益为可实现的利得与损失的确认和计量开通了道路，而这部分利得和损失的确认同样多以市场价值为基础，而综合收益的波动性成为不可忽视的问题。因此，对于波动性问题本书主要解决如下问题：（1）综合收益是否增加了信息的波动性？（2）综合收益及其组成的波动是否具有风险信息含量，即风险相关性？（3）市场是否识别出综合收益及其组成部分的波动性并在决策中予以考虑？

本书研究的第三个目标是将证券分析师从会计信息使用者中剥离出来，之前的研究主要围绕的是资本市场的大众群体，那么对于有专业背景的证券分析师，综合收益信息的披露以及综合收益波动的风险如何对证券分析师预测误差产生影响，相对于资本市场的大众群体，证券分析师是否更擅长于识别与运用综合收益及其组成部分的会计信息。

1.2.2　研究意义

1. 理论意义

根据资产负债观和决策有用性的计量观，综合收益为会计信息使用者提供了增量的会计信息，将与企业资产和负债相关的全部已实现和未实现的损益反映到综合收益信息中，提高会计信息质量的同时为会计信息使用者提供与决策相关的会计信息。本书从综合收益的信息质量入手，实证检验证明了综合收益信息的可预测性和持续性，并得到其他综合收益具有负向持续性的特征，区分了综合收益各项组成部分的会计信息特征，为界定和确认各项盈余信息提供依据和参考意见。

2. 现实意义

为企业和投资者运用综合收益信息提供指导，打破综合收益只有报告而未得到真正运用的局面，检验综合收益在企业估值和风险控制中的运用情况，为企业和投资者分析运用综合收益会计信息并将其运用到价值评估、风险识别和业绩评价中提供指导意见。

1.2.3　研究的创新和特色

1. 本书对综合收益及其组成部分的决策有用性进行了系统的研究

具体体现在内容和视角两个方面：第一是在内容上做到翔实全面，从信息质量特征入手，研究综合收益及其组成部分的预测能力，进而对综合收益的价值相关性和风险相关性展开研究；第二是做到视角上的完善，即从理论上检验了综合收益及其组成部分的决策有用性，又针对专业的证券分析师、研究分析师盈利预测与综合收益信息披露之间的关系。

2. 丰富了综合收益的理论研究

综合收益的增量信息含量主要体现在其他综合收益信息的披露，因此本书研究的重点之一就是其他综合收益，之前的研究多集中于其他综合收益总额的研究，本书手工收集了其他综合收益各组成部分的会计信息，并加以细分，从按照来源分类（包括可供出售金融资产公允价值变动损益、外币报表折算差额、现金流套期工具产生的利得或损失以及按权益法核算被投资单位计入其他综合收益中所享有的份额）和按重分类调整进行分类（包括当期已确认未实现的其他综合收益和当期重分类进损益的其他综合收益）两部分来检验其他综合收益的价值相关性。

3. 实现了模型和研究思路的创新

之前的研究多是将综合收益的价值相关性和风险相关性作为独立的个体分别展开研究，然而风险相关性和价值相关性并非孤立无关联的，因此本书将综合收益的风险相关性和价值相关性结合起来研究，在检验了综合收益波动的风险信息含量之后以价格模型为基础增加盈余的波动以及盈余波动和当期盈余的交乘项，结果表明在价格模型中增加盈余波动的自变量信息较原模型的拟合优度更高，对于股票价格更具有解释力。

4. 获取研究的第一手资料，实证数据新颖

本书从财务报表附注中手工搜集了其他综合收益具体组成部分。在不同列报位置下综合收益及其组成部分的价值相关性检验中的样本数据报告期截至2016年3月，保证了研究数据的及时性和充分性。此外已有研究多选择金融行业，然而由于非金融行业有着不同的信息特征，并且随着其他综合收益运用的不断拓展，其在各个行业的影响逐步的增大，本书分别对金融业和非金融业的上市公司进行模型检验。

1.3 研究方法和思路

1.3.1 研究方法

1. 文献研究法

厘清综合收益发展脉络，通过对现有综合收益相关文献的梳理，分析不同研究视角下文献的研究方法，总结不同的研究模型，指出现有文献的矛盾与不足，并形成本书的研究方向和思路。

2. 案例分析法

本书对综合收益国际会计准则的比较部分分别选择了不同国家的银行作为

案例样本，通过同一行业的综合收益会计信息披露方式的差异，进一步分析会计准则间的差异，并为我国综合收益相关会计准则的完善提供指引方向。

3. 实证研究法

本书实证研究主要包括四部分内容，分别从预测能力、价值相关性、风险相关性、盈余质量以及分析师预测来研究综合收益及其构成的决策有用性。在实证研究中运用了描述性统计、相关性分析、多元回归分析以及稳健性测试等方法。

1.3.2 研究思路

本书以沪、深两市 A 股上市公司 2009 ~ 2014 年年报为数据来源，主要基于资本市场上综合收益的预测能力、价值相关性、风险相关性以及盈余质量四个维度来检验，同时专门针对资本市场上的专业证券分析师，探讨综合收益的信息披露对证券分析师预测误差的影响，采用多视角多维度的分析方法研究综合收益信息的决策有用性，为理论和实践提供政策建议，具体参见逻辑关系结构图 1 - 1。

从结构上本书共包括以下五部分内容：

第一部分为提出问题。包括第一章。在绪论中，将主要介绍本书的研究背景、研究意义、研究动机，对本书中的重点概念进行定义和解析。简要介绍本书采取的研究方法，提出有待进一步研究的问题，并阐明本书研究的意义和目标，明确研究的思路和内容。

第二部分为概念内涵、理论分析以及案例讨论。包括第二章、第三章、第四章和第五章，其中第二章为概念内涵，介绍综合收益的概念、构成及其信息披露的逻辑框架；第三章为综合收益的理论基础，对综合收益、综合收益波动性以及风险相关性的内涵予以界定和明确，从决策有用性的信息观和计量观两方面阐述综合收益产生的理论基础，并简要说明信息不对称理论和资产负债观理论，为综合收益信息的决策有用性实证研究作出理论铺垫；第四章是会计准则的变迁与比较，通过我国会计准则和国际会计准则的比较，分析我国会计准则与国际会计准则的区别，并以金融行业为例，分别选择我国两家银行以及两家外资银行，对比四家银行在综合收益信息披露的差异，并为我国会计准则的完善提出建议；第五章是综合收益列报及其应用，重点分析综合收益与净收益的联系与区别，并强调综合收益信息的运用。

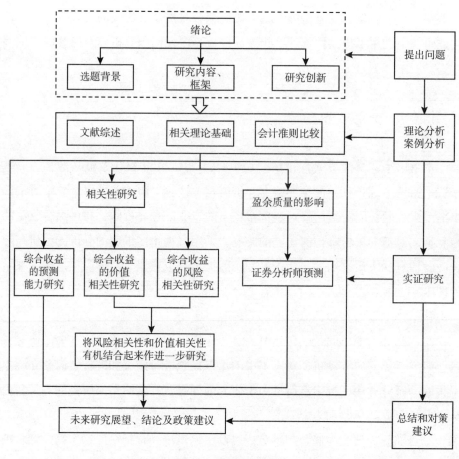

图1-1　逻辑关系结构

第三部分为实证研究。包括第六章、第七章、第八章和第九章。首先，从盈余质量出发检验综合收益及其组成部分的预测能力，在此基础上分别检验了综合收益的价值相关性和风险相关性，并将两者有机地结合起来，然后分别从盈余管理和分析师预测的角度检验综合收益在强制披露之后对管理层行为和分析师预测误差的影响。具体内容如下：

（1）预测能力的实证研究：本书着重研究综合收益及其组成项目对净利润、经营活动现金流的预测能力，并且将研究样本分为金融行业和非金融行业两个部分进行实证检验，比较在不同行业背景下综合收益及其组成部分的预测能力差异，为构建完善的综合收益概念框架提供依据。

（2）综合收益价值相关性的实证研究：本书基于时间效应研究综合收益及其组成部分的价值相关性，在价值相关性的检验中本书不但检验了综合收益总额的价值相关性，还将综合收益层层分解至明细科目，分析具体会计科目的价值相关性。此外本书在原样本区间 2009～2014 年的基础上进行了扩展，其中 2009～2013 年度综合收益和其他综合收益的具体信息主要在所有者权益变动表中列示，2014 年开始我国会计准则修订为要求上市公司在利润表中列示综合收益发生额同时在资产负债表中增列其他综合收益项目的累计余额，为了检验不同呈报位置对综合收益及其组成部分价值相关性的影响，本书将研究样本拓展到 2015 年，并分成 2009～2013 年和 2014～2015 年两个年度区间作进一步的比较和检验。

（3）综合收益风险相关性的实证研究：本书基于综合收益波动性的会计特征探讨综合收益的风险相关性，对综合收益的波动性进行描述性统计分析，从全样本、金融行业和非金融行业三个维度检验综合收益波动性的风险信息含量，在此基础上将综合收益波动性加入到价格模型中检验综合收益波动性对市场定价的影响以及综合收益波动性对综合收益价值相关性程度的影响。

（4）本书将信息需求主体集中于专业的证券分析师，对综合收益信息披露对证券分析师盈利预测的影响进行实证研究，以检验相对于一般资本市场的投资者，证券分析师是否更善于运用综合收益会计信息。

第四部分为综合收益的未来研究展望，包括第十章。本部分分别从价值相关性、风险相关性以及契约合同的有效性三方面进行未来研究方向的展望。

第五部分为总结、对策建议及不足，包括第十一章。对以上理论分析和实证研究进行系统总结，提出政策建议。最后，针对本书研究的局限性提出未来有待进一步研究的方向。

| 第 2 章 |
综合收益的内涵

2.1 综合收益的概念

综合收益是指除所有者的出资额和各种为第三方或客户代收的款项以外的各种收入。综合收益是指"一个主体在某一期间与非所有者方面进行交易或发生其他事项和情况所引起的权益（净资产）变动，包括这一期间内除所有者投资和分配给所有者款项以外的一切权益上的变动"，包括收入、费用、利得和损失四个要素（FASB，1985）。

2.1.1 收益的实现

现代会计中使用的"实现"（settlement）一词在很大程度上受制于法律条文规定，其确认规则源于税法的判例，因为当时确认要求该经济业务要可靠计量，因此采用收益实现规则（即配比原则）、否认资产估价确定收益的方法，使得人们普遍认为收益确定是一个相关成本与收入配比的过程。通常当现金或现金等价物的转换发生或得到合理保证时即认为收入实现，与此相应形成一系列既易标准化又可向投资者和一般公众解释的会计程序。

随着经济发展需要、物价水平波动和计量手段的丰富，以现金实现确认收益的会计实务被发现缺乏理论指导，正如坎宁在 1929 年指出"难以想象，经常对收益进行统计处理的会计专家，却没有提及他们刻意计量的收益的性质"。报表使用者对信息的可靠相关提出了更高的要求，收益性质的计量变得越来越重要，会计人员认识到销售时点实现规则并不真正是一项会计原则，而是一项统计法则，它的价值取决于其是否符合客观环境，如发生通货膨胀时，按历史成本计量的收益的概念被引发质疑。20 世纪 50 年代以后，会计理论家尝试将经济学的收益概念引入会计学，希望完善会计理论基础，他们希望会计计量能解决通货膨胀、持产利得、商誉提高及其他价值变动所产生的影响，并主张"一个人当其资产价值增加时而非其把资产出售时变得更富裕"。

费雪在其著作和大量论文中不断对收益进行探讨，他指出："我认为收益概念毫无例外是经济科学中最重要的核心概念，并且完全掌握收益的性质和它与其他概念的相关关系，很大程度上取决于经济理论的现实成就以及它在税收和统计中的应用"。从经济学的角度将收益看作为服务的构成，即无论什么性质的期望事项所构成。服务的稀缺性意味着一种占有，对某一个人来说是收益的，而对其他人就会被排除在外。每个概念，如财富、资本、服务和非增值服务，既可以从数量方面也可以从质量方面处理。每个都可以用恰当的单位来计量，每类财富可以列举，或者按照表面面积计量或者称重。资本，由于它由财富项目组成，可以用相同的方式对待。

此后，会计师们就一直试图建立一种既与经济理论相符又具有客观性和程序上的统一性的收益理论（党红，2003）。例如，斯劳普斯和穆尼茨在 1954 年提出将收益划分为经营收益、持产利得和价格水平变动的影响等类别，通过分离资产价值变动来提高财务报表的可比性和可分析性；1957 年美国会计学会概念和标准委员会将"实现"定义为"保证资产或负债在报表中的变动具有足够的确定性和客观性"，并提出应在报表中反映持产利得以反映价值变化，并于 1964 年发表了一份修正公告要求在会计账簿中运用可靠计量，检验并记录资产价值的变动；20 世纪 70 年代中期美国财务会计准则委员会开始进行会计概念结构的研究，其中包括收入、费用、利得、损失等会计报表要素的定义，明确这些要素与净资产变动的关系。

1. 会计学的收益与经济学的收益

经济学家关心的是个人、集体和社会的收益，其关注的重点在于对收益的主观评价，收益的客观估值只是评价的一项指标。而会计师关心的收益是因为它形成于企业的关系网，他要承担的是在收益上向谁报告受益人权益的分配责任，但是对于受益人如何处置其收益，并不在会计师关注的范围，因此，会计关注的是确定合适的货币计量，而非收益的分配问题。

对于社会收益，经济学家同样关注的是企业带来的社会收益问题，这类收益的问题可能是增加企业价值，也可能会减少企业价值，然而从会计的角度，由于对于计量的先天属性，会计师对于企业事务所产生的收益是否与同时向社会提供的有益服务相关，还是与服务毫无关系，以及利润完全是以失去其他投资为代价所获取的投机性收益，还是大量的消费者剩余给予所有购买者而从销售商品中产生的盈利，均未在收益的确认和计量过程中予以考虑。

此外，在经济学中"真实收益"和"最终的客观收益"与货币收益有何不同，会计学与经济学也存在差异。会计学在确认和计量收益或费用方面以会计基本假设为前提，其中的货币计量强调的是企业在记录与报告过程中采用名义货币，而并未考虑购买力的变化。然而在现实中，这些货币计量的事项受到货币购买力的影响。

2. 综合收益的演进

毫无疑问，学者们对于收益的探讨一直在继续，收益在企业的利润表（或综合收益表）中列示出来。从"单步法"到"多步法"、从"功能法"与"性质法"、从"本期营业观"与"损益满计观"的探讨，从"净利润"到"综合收益"，收益在报告中的作用可见一斑。

然而随着收益范围的不断扩大，收益的内涵与界定也需要得到明确。从本质上讲，企业的收益是企业资产和其他没有被列作资产但被证明具有资产的经济属性的各种服务在货币上的最终实现。将所有服务最终转化为应收的货币额，不管服务属于什么性质，以及在企业业务中这些服务如何发挥作用。转化的数量在数字上等于所获得的货币总额，货币是一项资产，只有它持续被持有，为企业所用，它就会在预期的未来服务相交换的过程中体现出重要性。从经济意义上看，它的估值来自预期的企业服务。

费雪在其经典著作《资本与收益的性质》中指出"标准收益"或"理想收益"严格对应的计量方式，达到的"理想"或"标准"收益的统计将使收益包括：

（1）对业主有利的收入；

（2）对业主不利的收入；

（3）真实资产价值的增值（可确定的）；

（4）真实资产价值的减值（可确定的）；

（5）没有真实资产价值的资产"账面价值"的增加；

（6）没有真实资产价值的资产"账面价值"的减少。

可以看出，会计学对收益的认识以及计量确认的方法手段在不断提升，相比几十年前最先进的做法，最常见的程序已经使收入和抵减项目的时间差距缩小了。同时，会计计量信息的可靠性并未因此受到影响。当然，改进总收益与净收益计量并非仅局限于总收益与抵减项目的平均时间差，最需要改进的领域是重估资产与业主权益，这个领域可能的误差范围更大。

企业的运营过程，实际上是"财富—收益—财产—受益人"之间资源的重新配置与整合的过程。其中的三个基本关系需要明确：第一，财富项目被认为和期望事项（收益）的连续有关系，随着时间的消逝财富项目引起了期望事项；第二，任何服务或者成套服务被认为是根据现有财产权所做的分类，包括同时执行的同等权利、继续执行的权益以及上述两者的结合；第三，人与其权利的享用之间的关系。在思考上述关系时，不应区分收益与所获的财富。

对于收益和支出的一个主要计量方式称为"已实现收益"。并派生出两类计量方式，分别是"资本化收益"（或资本价值）和"已获取收益"（或称盈余）。如果来自财富资源的连续期望事项可以用货币估值来表达，这些货币估值的时间表组成了总实现收益的一个计量方式。如果这些时间表被设计成相同的期间，在连续期的所有项目组成了对已实现收益的计量。

收益与支出的另一个计量方式是"未实现收益"，对于这部分收益主要依据的是公允价值的计量属性，虽然企业并未直接获取这部分收益，但只要企业有意愿并采取相应的行动，这部分的收益是可以实现的。会计学中未实现收益的产生与发展，不单是收益概念的简单拓展，还意味着会计对于收益概念认识的深入，通过会计计量方法的演进与发展，会计学的收益观也吸收融合了经济学的思想，并试图把相对复杂的模式用会计计量的方式表达出来。

2.1.2 美国的综合收益概念

美国财务会计准则委员会（FASB，1984）在发布第 5 号财务会计概念公告《企业财务报表的确认和计量》中区分了几个重要的概念：

（1）盈利（earning），是指公司在本期获得的全部利润，更能恰当地体现当期的经营业绩。可表示为，盈利 = 本期已实现收入 − 费用 + 利得 − 损失。

（2）收益（income），是指公司在已获得本期利润基础上进行的前期会计调整后的利润，即传统会计收益。可表示为，会计收益 = 盈利 ± 累计的会计调整。

（3）综合收益（comprehensive income），是指传统会计收益基础上，加上未实现已确认的其他利得和损失后全部收益。可表示为，综合收益 = 本期净收益 + 其他综合收益，即未实现已确认的其他利得或损失。

之后 FASB 于 1997 年 12 月 15 日对 SFAS130 进行修订，指出综合收益的组成部分之一的其他综合收益应在 GAAP 规范下计入综合收益，而非作为当期净利润组成部分（包括收入、费用、利得和损失项目）。其他综合收益项目，根据各该项目是否能在以后会计期间重分类进损益而分为以后会计期间不能重分类进损益的其他综合收益项目和以后会计期间在满足规定条件时将重分类进损益其他综合收益项目两部分。

2.1.3 国际会计准则委员会定义的综合收益概念

IAS1 将所有者权益变动表作为财务报告的重要组成部分，同时要求企业在报表中提供当期净损益以及直接计入权益的利得或者损失项目。此外该准则还指出在评估企业财务状况时不能忽视任何利得和损失，因此要求企业提供的财务报表应体现包含了直接在权益中确认的利得和损益的综合收益。

2.1.4 中国的综合收益概念

我国在 2014 年新修订的 CAS30 号会计准则中明确提出综合收益的概念，即企业在某一期间除与所有者以其所有者身份进行的交易之外的其他交易或事项所引起的所有者权益变动。综合收益由净利润和其他综合收益构成，在该准则中同时将其他综合收益界定为企业根据其他会计准则规定未在当期损益中确认的其他利得和损失。

从上述概念来看各国对综合收益的概念界定比较接近，只是在细节方面存在差异。对于其他综合收益则一般采用排除法予以界定，即未在净利润中确认的利得和损失，导致其他综合收益缺乏明确的概念。对此美国 FASB 也指出目前的会计准则仅提出了综合收益的列报和计量，而未包含综合收益确认和计量，对综合收益会计准则后续修订中应对其他综合收益和净利润做以明确的规范，同时，对其他综合收益予以清晰的概念界定。

2.1.5 综合收益与谨慎性原则、及时性原则与可靠性原则的关系

在财务会计中运用谨慎性原则是非常广泛的，例如，对于预计负债的估计、可能的坏账损失的提取，这些方法的运用在一定程度上改善了历史成本法的局限性，同时也贯彻了谨慎性原则。然而谨慎性原则在会计中的运用越发受到质疑，其中资产、负债的确认缺乏一致性，企业会计准则要求企业依据确认资产的程度要远高于确认负债的可能性，导致依据谨慎性原则确认的资产、收益无法满足会计信息使用者投资决策的需要。

会计信息的及时性与可靠性也同样在企业披露综合收益的过程中产生影响。在任何既定情况下，经营周期的延长对未来、最终将被证明是既定事实的收益总额的可靠估计就变得越困难，因此，及时性是向可靠性让步。综合收益的披露充分体现了会计信息及时性的要求，尤其是未确认当期损益的利得与损失的确认，将这部分信息予以表内披露，让投资者可以直接从财务报告中获取

这部分财务数据。

2.1.6　综合收益是收益属性还是权益属性

通常认为，当企业达到某种特殊的经营阶段即同时满足下列条件时就会产生收益：

（1）极可能在 1 年内收到现金；

（2）将要收回的金额能够可靠估计；

（3）在此周期中已发生或将要发生的金额能够可靠估计。

上述三个条件是确定收益的必要条件，佩顿在其著作《会计理论》中指出"在总收益计算中需要考虑法律和经营权益等方面的许多重要因素，收益数据的确定本身就是一个问题。会计师最为关注的是收益期间的归属问题"。从目前的会计准则规范以及会计实务来看，正朝着经营周期尽早确认的方向发展，也就是更加注重会计信息的及时性与相关性，并且随着人们对估计收益的了解越来越透彻，对于收益估值技术的不断进步与完善，以综合收益为主的会计收益项目会为会计信息使用者提供决策更加相关和透明的信息。

2.2　综合收益的组成

2.2.1　按照性质划分

综合收益由收入、费用、利得和损失构成，综合收益的任何一个组成项目都可以以上述四个项目进行划分。

其中收入为企业在日常活动中形成的、会导致所有者权益增加的、与所有者投入资本无关的经济利益的总流入；费用是指企业在日常活动中发生的、会导致所有者权益减少的、与向所有者分配利润无关的经济利益的总流出。收入和费用是企业最为常见同时也是会计信息使用者最为关注的两项会计要素。

利得是指由企业非日常活动所形成的、会导致所有者权益增加的、与所有者投入资本无关的经济利益的流入；损失是指由企业非日常活动所发生的、会导致所有者权益减少的、与向所有者分配利润无关的经济利益的流出。为了体现不同利得和损失对综合收益的影响，利得和损益在财务报告的列示中被划分为直接计入当期利润的利得和损失以及直接计入所有者权益的利得和损失。

2.2.2　按照报告列示划分

依据利得和损失的实现与否，将综合收益分为净利润和其他综合收益两个部分。其中净利润的经济含义是指企业已确认且已实现的利得和损失，只有符合上述特征才能计入净利润中，企业可以依据之前的准则进行确认与披露；而其他综合收益的经济含义是指企业已确认未实现的利得与损失，对于综合收益的确认和计量依据其具体项目的不同而有不同的要求。

即：

$$综合收益 = 净收益 + 其他综合收益$$

2.2.3　其他综合收益的分类构成

1. 按照是否重分类划分

其他综合收益项目，根据各该项目是否能在以后会计期间重分类进损益而分为以后会计期间不能重分类进损益的其他综合收益项目和以后会计期间在满足规定条件时将重分类进损益其他综合收益项目两部分。

对于可重分类进损益的其他综合收益在会计期间的发生额又包含两部分：一部分是当期已确认未实现的其他综合收益；另一部分是当期重分类进损益的其他综合收益。

2. 按照来源划分

其他综合收益在报告中列示的是一系列已确认未实现的项目，这些项目具有不同的来源和特征，因此为了提高会计信息的透明度，应当将其他综合收益按照来源进行划分，目前在会计准则中均采用列举法的方式对其他综合收益各具体项目予以规范，各国对此分类基本一致，具体见表2-1为我国其他综合收益项目分类及说明。采用列举法划分其他综合收益存在的局限性为将其他综合收益具体项目受限于列举的项目范围内，然而将这些项目与净利润的合计往往并不等同于企业在某一期间除与所有者以其所有者身份进行交易之外的其他交易或事项引起的所有者权益变动，因此企业将差额计入资本公积或者其他综合收益的其他项目，导致会计信息的透明度受到影响。作为会计准则制定机构在未明确界定其他综合收益和净利润之前，采用排除法解释其他综合收益的同时采用列举法说明其他综合收益的具体分类项目，这种方式使得企业在列示未实现损益时存在随意性，且会计信息使用者无法获取企业与未来业绩相关的全部信息。

表2-1   **其他综合收益项目分类及说明**

其他综合收益分类	具体项目
不可重分类进损益的其他综合收益	重新计量设定受益计划净负债或净资产导致的变动的税后净额
	按照权益法核算的在被投资单位以后会计期间不能重分类进损益的其他综合收益中所享有份额的税后净额
可重分类进损益的其他综合收益	按照权益法核算的在被投资单位以后会计期间在满足规定条件时将重分类进损益的其他综合收益中所享有份额的税后净额
	可供出售金融资产公允价值变动形成利得（或损失）的税后净额
	持有至到期投资重分类为可供出售金融资产形成利得（或损失）的税后净额
	现金流量套期工具产生的利得或损失中属于有效套期的部分的税后净额
	外币财务报表折算差额
	投资性房地产公允价值变动形成利得（或损失）的税后净额

2.2.4 其他综合收益的具体构成

从表2-1可以看出根据会计准则的规范要求，其他综合收益在运用的过程中基本包括了可供出售金融资产公允价值变动损益、持有至到期投资重分类为可供出售金融资产形成的利得或损失、现金流套期工具产生的利得或损失中属于有效套期的部分、外币报表折算差额、投资性房地产公允价值变动损益、重新计量设定受益计划净负债或净资产导致的变动以及按照权益法核算的在被投资单位以后会计期间不能重分类进损益的其他综合收益中所享有份额，当然在实际确认、计量与披露过程中将上述发生额扣除税负的影响，采用的是税后净值的形式。

1. 可供出售金融资产公允价值的变动损益

金融工具包含不同形式的合同权利和义务，具有不同的流动性、风险、偿还期和回报，其应用是为了满足不同的货币资金融通目的和需要。对资产或负债的计量而言，包括了历史成本、重置成本、现值、可变现净值和公允价值五种方法。金融资产和金融负债不同于其他资产或负债，对许多金融工具而言，交易发生时的成本不能反映合同双方在未来收取或支取现金的合同权利和义务，因为这些合同权利或义务将面临信用风险和市场风险等因素的影响而改变，其实际结算金额通常不等于在合同成立时发生的成本。而且有些金融工具，特别是衍生工具，在合同成立时的成本可能很低或者几乎没有成本，显然根据金融工具的特征，采用"当前计量"是更为合适的。因此相关准则规定，所有的金融工具，不论是否在财务报表上已确认或未确认金融资产或金融负债，均应按其公允价值（fair value）予以披露。

公允价值是在公平交易中，熟悉情况的交易双方自愿进行资产交换或者债务清偿的金额。这种公平交易价格是指持续经营企业或其他主体，不是在被强迫或清算情况下进行交易所达成的购买、销售或结算的金额。然而，并非全部金融工具都有活跃市场的公开报价，或可能无法直接观察到这种由市场机制决定并得到人们共同接受的公允价值。例如，交易双方签订了一项合同，一方有权收取金融资产，另一方有义务在未来支付（金融负债），但其偿付的金额和时间尚不确定，这时有必要对没有活跃市场报价的金融工具的公允价值进行必要的估计，或者提供最好估计的公允价值。IASB 概念框架指出，在许多情况下，成本或价值必须估计，合理估计的应用是编制财务报表的主要组成部分，但不损害其可能性。

就存在活跃市场的金融资产和金融负债而言，必须用活跃市场的报价确定其公允价值。活跃市场报价是指易于定期从交易所、经纪商、行业协会或定价服务机构等处获得的价格，且代表在公平交易中将实际发生的市场交易价格。因此：

（1）在活跃市场上，应以现行买卖（出价）作为已持有金融资产或承担金融负债的报价；以现行卖价（要价）作为拟购入金融资产或已承担金融负债的报价。

（2）如果持有可抵销市场风险的金融资产和金融负债时，应采用市场报价的中间价确定可抵销市场风险金融工具净头寸的公允价值，同时，按现行买价（出价）或者现行卖价（要价）确定净敞口的公允价值。

（3）如果持有的金融资产或金融负债没有限时市场报价，若最近交易日后经济环境未发生显著变化，可根据最近期交易的市场报价确定其公允价值；若最近交易日后经济环境发生重大变化，则应参考类似金融资产或金融负债的现行价格或利率，对最近交易的市场价格作出调整后确定公允价值。

（4）对于金融工具组合，可根据该组合内各项金融工具的数量及其市场报价共同确定该组合的公允价值。

（5）如果可以在多个活跃市场获得不同的报价，应按照最有利（最优）价格确定公允价值：对金融资产按照较高的脱手价格确定，对金融负债用较低的脱手价格。如果企业不能以最有利价格出售金融资产或清偿金融负债，则表示企业对金融工具管理的低效。实际成交价格与最有利价格之间的差额应确认为损失。

在对金融工具初始计量之后，在各个报告日还要进行再计量或后续计量，因为大多数金融工具是采用公允价值计量，而公允价值或其所要反映的活跃市场交易价格，或是在摊余成本计量下的未来现金流量现值，会由于信用和市场因素变化或者时间推移而引起变动，所以有必要对金融工具在各个报告日进行后续计量，确定其新的公允价值或摊余成本。后续计量取决于金融资产或金融负债的归类，其中交易性及指定公允价值计量且其变动计入当期损益的金融资产和金融负债，应按照公允价值进行后续计量，各期内公允价值变动直接计入当期损益。而可供出售金融资产，按照公允价值进行后续计量，其间内公允价值的变动计入其他综合收益。

　　可供出售金融工具是指持有期介于短期交易和持有至到期之间的金融资产，其持有期限明显地长于为短期获利持有的交易性金融工具，但又不是为了持有至到期而收取的利息和本金偿还。持有可供出售金融工具也是为了在市场价格、利率等因素变动时出售获利，但是其持有目的主要是对投资组合进行风险管理。可供出售金融工具（如债务证券或权益证券）通常具有活跃市场的公开报价或是可以依据具有相同特征和风险的类似资产的报价或基于市场因素或定价模型估算其价值。可供出售金融资产工具的公允价值通常可以可靠地计量或确定。相对而言，持有可供出售金融工具对市场因素变动的敏感性小于交易性金融工具。

　　根据《企业会计准则第 22 号——金融工具确认和计量》，可供出售金融资产公允价值变动形成的利得或损失，除减值损失和外币货币性金融资产形成的汇兑差额外，应当直接计入所有者权益（其他综合收益），在该金融资产终止确认时转出，计入当期损益；根据金融工具确认和计量准则规定将持有至到期投资重分类为可供出售金融资产的，在重分类日，该投资的账面价值与其公允价值之间的差额计入所有者权益（其他综合收益），在该可供出售金融资产发生减值或终止确认时转出，计入当期损益。

2. 持有至到期投资重分类为可供出售金融资产形成的利得或损失

　　由于金融工具的分类对其确认和计量影响重大，一般不允许在初始确认之后重新分类，以避免利用不同类别金融工具确认与计量方法调节期间收益。但是在少数特殊情况下，如整体经济或经营环境显著变动，或者是企业对金融工具的持有意图或能力发生重大变化时，有可能对持有金融工具作出重新分类和重新计量，但这种变动必须有合理的理由以及提供充分和详细的披露。

　　通常对持有金融资产和金融负债的重新分类源自企业无法控制，预期不会重复发生且难以合理预计的独立事项所引发。企业持有金融资产的意图和能力可能受到一些外在因素的变化而改变，例如发行者的信用状况严重恶化，在此情况下，企业可能会对持有的金融资产进行重新分类。

　　其中从持有至到期类转为交易性金融资产，必须按重分类日公允价值转换，重分类日未实现利得或损失将计入其他综合收益，但是不影响当期收益。

只有在该可供出售资产因出售、减值或终止确认时转入收益。

3. 现金流量套期工具产生的利得或损失中属于有效套期的部分

现金流量套期（cash flow hedges）主要是为了对已确认资产或负债，确定承诺或预期交易的未来现金流量变动风险进行套期或对冲，如为了避免拟在未来销售（或购买）物品的价格的不利变动而签订在未来购入（或售出）该物品的期货合同进行套期，以达到对预期交易现金流量的有效管理。如果符合现金流量套期的条件，相关套期交易的确认与计量方法如下：

（1）套期工具的利得或损失中属于有效的套期部分，确认为权益项目单列反映。该有效套期部分的金额应按照自套期开始的累计利得或损失与被套期项目自套期开始的未来现金流量现值的累计变动额逐一列示。

（2）套期工具利得或损失属于无效套期的部分（先扣除已确认与权益中的其他利得或损失），直接计入当期收益。

如果被套期项目为很可能发生的预期损失，该项预期交易随后的发生将使企业确认一项金融资产或金融负债，原确认于权益项下的利得或损失应当在该金融资产或金融负债影响企业收益的相同期间转出计入该期间的收益。如果该预期交易使企业随后确认一项非金融资产或负债，如实际购买或出售存货或物品，套期工具是用于对该存货或物品的或出售交易产生现金流量的套期，该套期工具公允价值变动先确认于权益，然后转出计入预期交易完成的成本，即作为这一交易产生非金融资产（存货）和负债（应付账款）的初始确认金额（获取成本）的组成部分。

可见，对公允价值套期和现金流量套期的会计处理是不同的。在公允价值套期情况下，套期工具和被套期项目公允价值变动产生的利得或损失直接计入当期损益，而现金流量套期的利得或损失先计入权益（先挂账），随着预期交易的完成，转入所获取资产或负债的初始成本。这是因为，在现金流量套期中，被套期项目通常是很可能发生的预期交易，但是预期交易（购买或者出售物品）在实际发生之前不符合资产和负债的定义，无法于财务报表上确认，因此套期工具上所形成的公允价值或者现金流变动也无法在利润表和资产负债表上确认，否则将出现对被套期项目和套期工具价值或现金流量变动确认的不一致。在现金流套期中套期工具产生的利得或损失（由于反映其公允价值），在预期交易未完成之前，先列为权益项下挂账调整项目是合理的，待被套期的预期交易完成后转入交易获取资产或负债的初始确认成本，并且随着之后销货成本或折旧或折耗等方式转入相关受益期间的收益计算，从而达到现金流量套期目的，并且使得套期工具和被套期项目价值变动确认保持时间上的匹配。

因此，根据《企业会计准则第 24 号——套期保值》，现金流量套期利得或损失中属于有效套期的部分，应当直接确认为所有者权益（其他综合收益）；属于无效套期的部分，应当计入当期损益。对于前者，套期保值准则规定在一定的条件下，将原直接计入所有者权益中的套期工具利得或损失转出，计入当期损益。

4. 外币报表折算差额

企业财务报表可以按照任意一种（或几种）货币列报，如果列报货币不同于主体的功能货币，其经营成果和财务状况需要折算成列报货币。例如，当集团由使用不同功能货币的多个个别主体构成时，所有主体的经营成果和财务状况需要按照同一种货币表述以便列报合并财务报表。由此产生了外币报表差额，即在编制合并财务报表时，把国外子公司或分支机构以所在国家货币编制的财务报表折算成以记账本位币表达的财务报表时，由于报表项目采用不同汇率折算而形成的汇兑损益。

当企业的功能货币不是恶性通货膨胀经济中的货币时，其经营成果和财务状况应按照以下程序折算为另一币种的列报货币反映：第一，每一份列报的资产负债表中的资产与负债，应当以相应的资产负债表日的期末汇率进行折算；第二，每一份列报的利润表中的收益和费用项目，应以交易发生日的汇率进行折算。由于汇率波动的天然属性，导致汇兑差额的产生，且这部分的差额受到汇率与事项的影响，可能形成汇兑收益或者汇兑损失。且由于汇率变动对经营活动所产生的当期及未来现金流量几乎没有或不直接产生影响，因此，汇兑差异未列入损益中。在国外经营被处置之前，累计汇兑差额应作为单独的权益项目列报。如果汇兑差额与已合并但不是全资拥有的国外经营有关，则因折算而产生的并应归属于非控制权益的累计汇兑差额，应在合并资产负债表中分配计入非控制性权益，并确认为其组成部分。

根据《企业会计准则第 19 号——外币折算》，企业对境外经营的财务报表进行折算时，应当将外币财务报表折算差额在资产负债表中所有者权益项目下单独列示（其他综合收益）；企业在处置境外经营时，应当将资产负债表中所有者权益项目下列示的、与该境外经营相关的外币报表折算差额，自所有者权益项目转入处置当期损益，部分处置境外经营的，应当按处置的比例计算处置部分的外币财务报表折算差额，转入处置当期损益。

5. 从自用房地产转换为公允价值计量的投资性房地产

投资性房地产是为赚取租金或为资本增值，或两者兼有（由业主或融资租赁的承租人）持有的房地产。持有投资性房地产是为了赚取租金或资本增值，因此投资性房地产产生的现金流量在很大程度上独立于主体持有的其他资产。这一点将投资性房地产与自用房地产区分开来。产品或劳务的生产或供应过程中使用的房地产（或用于管理目的的房地产）产生的现金流量不仅仅归因于该项房地产，而且归因于在生产或供应过程中所使用的其他资产。因此，投资性房地产一般包括：为长期资本增值而持有的土地（不包括在正常经营过程中为短期销售而持有的土地）、尚未确定未来用途的土地（如果主体尚未确定将其持有的土地用于自用还是用于在正常经营过程中的短期销售，则持有的土地被视为资本增值）、准备在一项或多项经营租赁下租出的空置建筑物、为将来作为投资性房地产而正在监造或开发过程中的房地产等。投资性房地产的计量包括公允价值模式和成本模式两种。

某些房地产一部分用于赚取租金或资本增值，而另外一部分则用于商品或劳务的生产或供应，或用于管理目的。如果这些部分能够分别出售（或采用融资租赁方式分别出租），则主体应分别核算。如果不能分别出售，则只有在不重要的部分是用于产品或劳务的生产或供应，或用于管理目的的情况下，才能将该项房地产视为投资性房地产。

只有当特定情况证明其用途发生改变时，投资性房地产才可能转换成其他资产或从其他资产转换成投资性房地产，例如结束自用，相应地由自用房地产转换成投资性房地产。在企业采用成本模式的情况下，投资性房地产、自用房地产和存货之间的相互转换不应改变所转换房地产的账面金额，也不改变该项房地产计量或披露的成本。企业对投资性房地产采用公允价值模式的情况下才会产生确认和计量问题。

在自用房地产成为公允价值计量的投资性房地产之前，企业应对该项房地产计提折旧并确认已发生的任何减值损失。并对以下两种情况予以处理：第一，对于产生的房地产账面金额的减少额应确认为损益，但是如果重估盈余中包含了该项房地产的重估金额，则减少的金额应确认为综合收益并减少权益内的重估价盈余。第二，对于产生的账面金额的增加额，首先增加额中应当转回以前该项房地产的减值损失部分，应确认为损益，且确认未损益的金额不得超过将账面金额恢复为如果以前没有确认减值损失应当已确定的账面金额（扣除折旧后的净额）所需要的金额。增加额的剩余部分应确认为其他综合收益并增加权益内的重估价盈余。

因此，根据《企业会计准则第 3 号——投资性房地产》，自用房地产或作为存货的房地产转换为以公允价值模式计量的投资性房地产在转换日公允价值大于账面价值部分计入其他综合收益；待该投资性房地产处置时，将该部分转入当期损益等。

6. 重新计量设定受益计划净负债或净资产导致的变动

养老金是指企业对长期服务员工退休之后支付的生活费用，广义上还可以包括其他一些退休后福利，如退休员工的住房津贴、医疗费用补贴及人寿保险等。受到政府社会保障法规和税负优惠政策的推动，大部分西方企业或其他组织已建立养老金计划（pension plans），在员工服务年限内按其工薪收入一定比例逐期计提养老金支付义务，并且将这笔资金转拨给相应的养老金基金进行投资增值及支付退休员工的养老金。养老金计划和养老金基金可由企业自行管理，也可以委托专业代理机构管理。通常员工享受养老金需符合最低服务年限的规定，例如，在不少西方国家，雇主规定员工最少服务 5～10 年方可享受养老金。

养老金计划是指员工退休后提供收入的规划方案，规定企业按期应计提养老金支付义务以及到期支付养老金的方式和金额。根据计划的主要条款和条件所包含的经济实质，养老金计划分为设定提存计划和设定受益计划两类。

设定提存计划的账务处理比较简单，因为报告主体在每一期间的义务取决于该期间提存的金额。因此，在计量义务或费用时不需要精算假设，也没有产生精算利得或损失的可能性。此外，计量该义务时采用非折现基础，但雇员提供相关服务的年度报告结束以后12个月内不全部结算的除外。

设定受益计划的会计处理比较复杂，因为计量义务和费用时需要运用精算假设，并有产生精算利得和损失的可能性。另外，由于他们可能在雇员提供相关服务的许多年后才履行，因此义务是在折现的基础上计量的。主体应当将设定受益成本的组成部分确认为如下项目，包括计入损益的服务成本、计入损益的设定受益负债（资产）净额的利息净额、计入其他综合收益的设定受益负债（资产）净额的重新计量等。其中设定受益负债（资产）净额的重新计量包括：精算利得和损失、计划资产回报、资产上限影响的变动，上述两项均扣除了包括在设定受益负债或资产净额的利息净额中的金额。而精算利得和损失产生于精算假设和经验调整导致的设定受益义务现值的增加或减少，而不包括由引入、修订、缩减或结算设定受益计划所导致的设定受益义务现值的增加或减少，或者设定受益计划下应付福利的变动。这些变动产生了过去服务成本或结算利得或损失。

因此，根据《企业会计准则第9号——职工薪酬》，有设定受益计划形式离职后福利的企业应当将重新计量设定受益计划净负债或净资产导致的变动计入其他综合收益，并且在后续会计期间不允许转回至损益。

7. 按照权益法核算的在被投资单位以后会计期间不能重分类进损益的其他综合收益中所享有份额

根据《企业会计准则第2号——长期股权投资》，投资方取得长期股权投资后，应当按照应享有或应分担的被投资单位其他综合收益的份额，确认其他综合收益，同时调整长期股权投资的账面价值。投资单位在确定应享有或应分担的被投资单位其他综合收益的份额时，该份额的性质取决于被投资单位的其他综合收益的性质，即如果被投资单位的其他综合收益属于"以后会计期间不能重分类进损益"类别，则投资方确认的份额也属于"以后会计期间不能重分类进损益"类别。如果被投资单位的其他综合收益属于"以后会计期间在满足规定条件时将重分类进损益"类别，则投资方确认的份额也属于"以后会计期间在满足规定条件时将重分类进损益"类别。

2.2.5　其他综合收益的所得税影响

根据《国际会计准则第 1 号》要求主体披露与其他综合收益的各组成部分相关的所得税，其目的是向使用者提供关于这些组成部分的相关所得税信息，因为这些组成部分的税率通常与损益适用的税率不同。我国企业会计准则虽然未明确对此提出要求，但是要求在利润表中列示"其他综合收益各项目分别扣除所得税影响后的净额"，并且在财务报表附注中需要披露其他综合收益具体项目的期初余额、当期发生额和期末余额，并在当期发生额中需要进一步列示本期所得税前发生额、前期计入其他综合收益当期转入损益、所得税费用、税后归属于母公司以及税后归属于少数股东等会计信息。涉及其他综合收益纳税调整包括以下几种情况：

（1）其他综合收益发生的当期应调整应税所得，即按税法规定，交易或事项发生时应立即记入所得或损失、且以后期间也不再调回、且会计上不计入损益的事项。主要包括：第一，企业接受非控股股东代偿债务、豁免债务或捐赠，按《企业会计准则 5 号解释》规定应计入资本公积，而按税法则认定为企业收入。因此，企业所得税年度纳税申报（以下简称纳税申报）时，应当调增应纳税所得额（以下简称应税所得或所得额）缴纳所得税。但是，由于接受的利益并没有计入当期损益，按收支配比原则，相关所得税应从资本公积中列支，或者在确认资本公积同时确认递延所得税负债，使两者之和等于企业得到的利益。如此，应纳税款再从递延所得税负债中列支。第二，破产重组股东让渡股权取得受让人资金还账，确认为资本公积的部分也应确认为应税所得，但与平时不同，破产重组前企业必定有巨额亏损，一般可以用税前补亏，但仍应调增应税所得。第三，已从可转换公司债券中分离的认股权逾期不行权的利得，以及搬迁所得结余，也应在当期调增应税所得纳税。

（2）其他综合收益产生时无须作纳税调整，待相关资产终止确认时再作纳税调整。权益法下长期股权投资的其他权益变动、持有至到期投资重分类形成的损益、投资性房地产重分类形成的收益、外币折算差额，以及可供出售金融资产、套期工具计入资本公积的公允价值变动损益，当属这种情况。

（3）其他综合收益产生时无须调整应税所得，在相应资产折旧、摊销或结转耗用、销售成本时调整应税所得。改制企业以公允价值对资产、负债重新估价，被合并后的独资子公司以公允价值调整资产、负债账面价值，吸收合并企业对接收资产中的无形资产补充入账，形成的其他综合收益均属于这种情况。

2.2.6　累计其他综合收益

根据会计准则的规定，企业在资产负债表上报告其他综合收益的累积影响，相关账户的名称为"累计其他综合收益"（accumulated other comprehensive income，AOCI）。累计其他综合收益是每一期其他综合收益的累计金额，类似于在留存收益账户里累计扣除了股利支付以后的净利润，且累计其他综合收益属于股东权益的一部分。

累计其他综合收益是静态的时点数据，反映了其他综合收益在资产负债表日累计的额度，这部分的信息在当期实现时存在两种情况：一种是从累计综合收益转入当期损益；另一种是从累计综合收益直接转入所有者权益中的利润分配，因此可以看出，无论是哪一种情况，都不会对当期的所有者权益产生影响，从经济含义上讲，意味着企业遵循了决策有用观，充分反映了企业所有者权益的可能影响因素，且不拘泥于股东财务实现的形式与来源。

2.3　综合收益的列报

早期报告综合收益的方式是表外披露。随着综合收益作为会计要素而纳入财务会计概念框架，人们认识到表外披露不符合概念框架的要求，也无法推动决策有用会计目标的实现。综合收益报告方式从附注披露转向表内列报。报告综合收益的方式在西方国家经历了以下三个阶段：一是在报表附注中披露综合收益。二是由企业选择作为权益变动项目列示或作为业绩列示。1997 年 FASB 颁布 SFAS130，规定企业可在利润表或单独的综合收益表中列示综合收益及其项目构成，也可在所有者权益变动表中列示综合收益及其项目构成。但 SFAS130 鼓励报告主体在利润表或单独的综合收益表中披露综合收益，并规定无论采取何种方法，报告期的累计其他综合收益都需要在资产负债表的所有者权益中单独披露，独立于股本溢价和留存收益。三是作为业绩项目在利润表或综合收益表中列示。国际会计准则理事会 2011 年修订发布的《国际会计准则第 1 号——财务报表列报》规定将综合收益作为业绩列报于"损益和其他综合收益表"或者列示于单独的"综合收益表"。

我国 2006 年版的企业会计准则颁布之前在财务报告中就存在着其他综合收益项目，只是这些项目间接地在其他会计科目或者附注中披露。2006 年版企业会计准则颁布之后，其他综合收益信息披露经历了以下三个阶段：

1. 仅在所有者权益变动表中列示其他综合收益具体信息

在所有者权益变动表中披露列示其他综合收益总额体现了资产负债表和所有者权益变动表之间对于已确认未实现的利得与损失部分予以确认和披露。然而这种披露方式没有从根本上解决资产负债表和利润表相脱节的逻辑关系，在排除资本性交易所引起的净资产变动之后利润表无法解释期初与期末净资产变动的全部原因，同时，所有者权益变动表中列示直接计入所有者权益利得或损失的信息是孤立的，报表信息使用者难以从其他财务报表中获取支持和验证的数据。

2. 在所有者权益变动表和利润表中列示其他综合收益信息

从财务报表逻辑关系的角度而言，在所有者权益变动表中列示其他综合收益具体信息，同时，在利润表中反映其他综合收益当期发生额，这种列示方法较前一种信息披露方式有了很大的进步，增强了所有者权益变动表和利润表的逻辑关系，然而资产负债表中并未明确列示其他综合收益总额，降低了资产负债表与利润表以及所有者权益变动表的逻辑关系。由于将其他综合收益项目作为权益的调整项目意味着会计准则制定机构并未认可其他综合收益的经济利润性质，因此，资产负债表和利润表之间瓦解的逻辑关系并未从根本上得到解决，此外间接法下编制的现金流量表依然以净利润为编制起点，忽略了以权责发生制为计量基础的其他综合收益信息。

3. 在资产负债表、利润表以及所有者权益变动表中列示其他综合收益信息

从理论上讲，其他综合收益作为收益项目在利润表中列示强化其收益性质，从实践角度看，在利润表中列示其他综合收益具体项目的发生金额能够提供更加透明的信息并提高报表使用者的关注度[①]。此外，在利润表中披露综合收益的具体信息，使得利润表能够直接解释企业期初与期末净资产的变动（排除企业与股东间资本性交易原因引起的变动），加强了资产负债表和利润表的逻辑关系。CAS30 的一个重大修订体现在首次实现综合收益信息以不同的形式在资产负债表、利润表以及所有者权益变动表中同时列示，这种披露方式强化了三张报表间的逻辑关系。当然，间接法下编制的现金流量表与利润表的逻辑关系构建中忽视其他综合收益信息的问题依然存在。

从综合收益列报的信息披露可以看出综合收益信息披露越来越详尽和完善，但是国际准则和美国准则与我国会计准则对综合收益列报的要求不尽相同，其中前者允许在一张"损益与综合收益表"或单独编制"综合收益表"列示综合收益，我国会计准则只允许在利润表中披露综合收益项目构成。将原来在所有者权益变动表中列示的其他综合收益信息调整为在利润表（损益与综合收益表）或综合收益表中列示，虽未产生新的信息，但会使管理者重视影响股东财富增长的所有因素，减少管理层盈余操纵空间的同时提高会计信息透明度，同时在利润表中列示其他综合收益可以提高财务报表使用者对其他综合收益信息的关注度，通过利润表或者综合收益表的各项已实现以及未实现的利得和损失估计企业未来的经营业绩和企业价值。

---

① 杨有红. 综合收益：从列表走向应用 [J]. 财务与会计，2015，12.

2.4 净利润和其他综合收益的重分类调整

除重新计量设定收益计划净资产或净负债导致的变化外其他的其他综合收益项目均存在由未实现损益向已实现损益转变的情况，因此产生了其他综合收益重分类的问题，即原来在综合收益报告中已经列报的确认为权益项目的未实现的利得和损失，在利得和损失实现的过程中是否需要进行重分类调整以及如何进行重分类调整。关于其他综合收益是否需要进行重分类调整，FASB、IASB、ASB 等会计准则制定机构也采取了不同的观点和做法。具体见表 2 - 2 各会计准则制定机构关于综合收益的重分类调整。

表 2 - 2   各会计准则制定机构关于综合收益的重分类调整

准则制定机构	是否进行重分类调整	具体细则
国际会计准则理事会（IASB）	是	（1）根据 IAS16《财产、厂场和设备的会计处理》和 IAS38《无形资产》的有关规定，"财产、厂场和设备的重估增值"和"无形资产的重估增值"不需要重分类。 （2）对于长期投资重估增值，IAS25 规定有时长期投资根据公允价值进行价值重估，由于重估价所产生的增值直接记入所有者权益，在销售转让该投资时，投资的账面价值和转让收入净额的差额在利润表中确认为当前损益。如果对该投资进行过重新估价，账面价值的增加已经被记入所有者权益，那么这部分金额或者转入当期收益或者直接转入留存收益。转入当期收益的处理方法的好处是，这样可使长期投资在重估增值中引起的财富增加包括在利润表中。由此可见，对于长期投资重估增值，国际会计准则委员会 IASC 规定既可以进行重分类处理，也可以不采用这种方式，并明确指出进行重分类调整比不进行重分类调整更加合理。 （3）根据 IAS21《外汇汇率变动影响的会计处理》的规定，对外国公司的财务报表进行外币折算产生的利得和损失，应在产生时在权益部分单独报告，当对外国公司的投资被销售或清算时，就必须将权益中列示的外币折算差额产生的利得和损失重分类进入利润表。 （4）要求企业对可供出售金融资产的利得或损失、现金流量套期的利得或损失项目要求进行重分类调整。根据 IAS1 的应用指南，在所有者权益变动表、综合收益表中，在"可供出售的金融资产"项目下，企业应当分别列示"计入权益的估价利得或损失""转入当期损益的利得或损失"两个项目；在"现金流量套期"项下，企业应当分别列示"计入权益的利得/损失""转入本期损益的利得或损失""转入被套期项目初始账面金额"三个项目

准则制定机构	是否进行重分类调整	具体细则
美国财务会计准则委员会（FASB）	是	SFAS130 中规定，综合收益的某些项目在计入当期净收益的同时，也计入了当期或前期的其他综合收益，为了避免这种重复计算，必须作出重分类调整。例如，在当期已实现的可供出售金融资产投资的利得应当计入当期的净收益，但这部分利得已经在证券价格上涨的会计期间内确认为其他全面收益中的未实现利得，因此，这部分利得就必须从确认其为净收益的会计期间的其他综合收益中扣除，以免这部分可供出售金融资产利得在综合收益中计算两次。SFAS130 要求除了其他综合收益项目中的最低退休金负债调整项目外，企业必须对其他综合收益中的每一类别都进行重分类调整。对于重分类调整的信息，企业可以选择在报告综合收益的财务报表表内列示，也可以选择在相关财务报表的附注中加以披露
英国会计准则委员会（ASB）	否	利得或损失仅应在其发生当期报告一次，即一旦利得或损失已经在综合收益表中进行了确认，后续期间就不能仅仅因为这些金额实现了而在利润表中再次加以确认
中国企业会计准则（CAS）	是	中国在 CAS30 号会计准则中对综合收益重分类调整予以明确的规定，要求其他综合收益项目分为以后会计期间不能重分类进损益的其他综合收益项目和以后会计期间在满足规定条件时将重分类进损益的其他综合收益项目，并且列举了可重分类项目的各项组成部分

不同会计准则制定机构对综合收益重分类调整的规定存在差异，当然无论是赞成重分类调整，还是反对重分类调整都有一定的理论支持。其中支持重分类的理由主要包括：（1）收益是否实现是区分项目在净收益中还是在其他综合收益中报告的标准，当未实现的其他综合项目实现时，就需要将原来在其他综合收益中报告的项目在净收益中予以报告；（2）因资产或负债的公允价值变动的计量具有不确定性，因此，应当在其他综合收益中确认这些带有不确定性的利得或损失。在后续期间，当不确定项目予以确定或者被处置，则应当作为当期损益予以确认。总之，对其他综合收益进行重分类调整的主要作用是强调底线数据净收益的重要性，既要能全面反映企业的综合收益，同时，还要避免同一收益的重复计算。

反对重分类的理由主要为：（1）对于其他综合收益，其确认的关键体现了收益的不确定性，然而对于传统的净利润也存在不确定性项目。例如，除了可供出售金融资产公允价值变动损益，其他的金融工具的公允价值变动受到市场价格因素影响较大，但依然作为净利润的组成项目，因此将不确定性作为划分净利润和其他综合收益的标准并不严谨。反对者同时提出建议按照性质来划分收益报告的不同项目更具有理论和现实意义。（2）由于存在不确定性而需要进行重分类调整的观点是实现原则的延伸，由此实现原则被认为是消除运用权责发生制会计所产生的不确定性的方法。而一个收益项目的计量从不确定到确定并不会改变其性质。如果对于利得或损失的确认、计量具有可接受的充分确定性，那么就应该由该项目自身的性质决定它如何在综合收益报告中进行分类。

2.5　综合收益信息披露逻辑框架

财务报表是反映企业经济活动的总结性文件，它所反映的是企业一定时点或时期的财务状况、经营成果以及现金流量。我国的财务报表分为资产负债表、利润表、现金流量表和所有者权益变动表，各张财务报表间并非孤立无关联，而是通过缜密的逻辑关系将单独的报表联系起来，成为存量财务数据和流量财务数据相互解释证明的重要依据，并为利益相关者进行决策提供有用信息。

任何会计数据变动的背后都是企业经济活动或会计逻辑关系作用的结果，然而随着外部经济环境的发展、会计目标和传统财务会计模式①的改变，导致财务报表之间的本原逻辑关系被打破，利润表不再能直接解释企业期初与期末净资产的变动（排除企业与股东间资本性交易原因引起的变动），资产负债表、所有者权益变动表、利润表以及现金流量表的有关数据不再能直接勾稽。其他综合收益的信息披露在提升会计信息服务决策的同时对财务报表间原有的

---

① 传统会计模式包括以下特征：（1）确认以权责发生制为主；（2）计量以历史成本计量模式为主；（3）记录采用复式记账法；（4）报告以会计报表为核心。

逻辑关系提出了挑战，本书着重分析了其他综合收益的信息披露对财务报表逻辑关系的影响和改进路径，同时，指出实现实质性的财务报表逻辑关系重构还需要完善与综合收益相关的会计准则体系。

2.5.1 其他综合收益信息披露下财务报表逻辑关系演变过程

国内外关于其他综合收益的理论研究大多围绕其信息的有用性和列报展开，很少关注其他综合收益信息披露对财务报表间逻辑关系产生的影响，这主要是由于国际上有关综合收益信息披露的会计准则在披露方式上给了企业一定的自由度和选择权，例如国际会计准则委员会（IASB）和美国财务会计准则委员会（FASB）允许企业在一张报表或两张报表内列示所有的非业主权益变动，这种披露方式向会计信息使用者传递更多管理层意图的同时降低了会计信息的可比性，并且进一步影响到原本已经被打乱的财务报表逻辑关系。与国际的会计准则相比，中国会计准则对其他综合收益信息披露的规定更加注重会计信息的一致性和可比性，要求不同的企业采用相同的披露方式，由此形成的财务报表间逻辑关系也更加稳定。

2006年企业会计准则颁布之前在财务报告中就存在着其他综合收益项目，只是这些项目间接地在其他会计科目或者附注中披露。2006年企业会计准则颁布之后，其他综合收益信息披露经历了三个阶段：第一个阶段是2006～2008年，其他综合收益以直接计入所有者权益利得和损失的形式在所有者权益变动表中披露；第二阶段是2009～2013年，其他综合收益具体信息在所有者权益变动表中披露，同时，在利润表中披露其他综合收益和综合收益当期发生额；第三阶段是2014年至今，其他综合收益在资产负债表、利润表和所有者权益变动表中披露，且在利润表中详细披露其他综合收益的具体信息。

1. 仅在所有者权益变动表中列示利得和损失的具体信息

在所有者权益变动表中披露其他综合收益总额体现了企业对于已确认未实现的利得与损失部分予以确认和披露。然而这种披露方式没有从根本上解决资产负债表和利润表相脱节的逻辑关系，在排除资本性交易所引起的净资产变动之后利润表无法解释期初与期末净资产变动的全部原因，同时所有者权益变动表中列示直接计入所有者权益利得或损失的信息是孤立的，报表信息使用者难以从其他财务报表中获取支持和验证的数据。

2. 在所有者权益变动表和利润表中列示其他综合收益信息

从财务报表逻辑关系的角度，在所有者权益变动表中列示其他综合收益具体信息，同时在利润表中反映其他综合收益当期发生额，这种列示方法较前一种信息披露方式有了很大的进步，增强了所有者权益变动表和利润表的逻辑关系，然而资产负债表中并未明确列示其他综合收益总额，影响了资产负债表与利润表以及所有者权益变动表的逻辑关系。由于将其他综合收益项目作为权益的调整项目意味着会计准则制定机构并未认可其他综合收益的经济利润性质，因此资产负债表和利润表之间瓦解的逻辑关系并未从根本上得到解决，此外间接法下编制的现金流量表依然以净利润为编制起点，忽略了以权责发生制为计量基础的其他综合收益信息。

3. 在资产负债表、利润表以及所有者权益变动表中列示其他综合收益信息

从理论上讲，其他综合收益作为收益项目在利润表中列示能够强化其收益性质，从实践角度看，在利润表中详细列示其他综合收益各项目金额能够提供更加透明的信息并提高报表使用者的关注度。此外，在利润表中披露综合收益的具体信息，使得利润表能够直接解释企业期初与期末净资产的变动（排除企业与股东间资本性交易原因引起的变动），加强了资产负债表和利润表的逻辑关系。《企业会计准则第 30 号——财务报表列报》（以下简称 CAS 30）的一项重大修订体现在首次实现综合收益信息以不同的形式在资产负债表、利润表以及所有者权益变动表中同时列示，这种披露方式强化了三张报表间的逻辑关系。当然，间接法下编制的现金流量表与利润表的逻辑关系构建中忽视其他综合收益信息的问题依然存在。

从上述分析可以看出对于其他综合收益不同的信息披露要求打破了原有的报表间逻辑关系，必须按照新的财务报表逻辑关系进行财务数据的分析和运用。本书将分别从"资产负债表——利润表""资产负债表——所有者权益变

动表"以及"利润表——间接法下的现金流量表"三个方面做进一步的研究。

2.5.2　现有会计准则体系下财务报表逻辑关系存在的问题

1. 增强资产负债表——利润表逻辑关系的同时打破了利润表的编制基础

在利润表中披露综合收益具体信息增强了资产负债表和利润表的逻辑关系，通过利润表不但可以获取企业已确认且已实现的利得与损失，还可以获取企业已确认未实现的利得与损失的变动情况，并将这部分信息划分为不能重分类进损益的其他综合收益项目和以后会计期间在满足规定条件时将重分类进损益的其他综合收益项目进行列报，在此基础上又划分为更加具体的明细项目供信息使用者对企业过去、现在或者未来的财务状况作出评价或者预测。综合收益的概念与经济利润的概念更为接近，将影响净资产变动性质上属于综合收益的因素集合起来，适当分类地披露出来。

将综合收益全部内容直接在利润表中列示，实现了利润表对资产负债表中其他综合收益的解释功能，但是同时打破了利润表的编制基础，而财务报表逻辑关系的基础是单个报表准确可靠的编制，因此直接将其他综合收益及其具体信息列入利润表中存在以下问题。首先，综合收益在利润表中披露用以反映资产负债表中除与所有者以其所有者身份进行的交易以外的其他交易或事项所带来的利得与损失，然而这些利得与损失全部作为利润表的事项值得商榷。在利润表的编制过程中一直伴随着"损益满计观"和"当期营业观"两种观点，虽然现在大部分的会计准则制定机构倾向于损益满计观，但是"损益"的概念主要是基于所有当期营业活动引起的主营业务收支、营业外收支、非常净损失以及前期损益调整项目等，一旦其他综合收益信息列入利润表中，则利润表的编制基础与纳入利润表的事项无法匹配。其次，对于利润表中列示不可重分类进损益的其他综合收益税后净额，该项划分主要是基于未来现金流实现的形式不同而设置，该类其他综合收益在日后实现时直接在所有者权益变动中体现而不会反映在利润表中，因此，将这部分与本期及以后各期均与利润无关的其他综合收益发生额列入利润表缺乏合理性。最后，在利润表中披露综合收益及其具体信息，使得利润表从内涵到外延都发生巨大的变化，涵盖了综合收益的利润表更接近于国际财务报告准则的综合收益表，该表体现了企业在一定会计期间确认的所有利得与损失，因此，直接将综合收益总量及其具体信息在利润表中列示，打破了原有利润表的概念边界，同时，在会计准则中并未予以明确的说明和界定，造成其他综合收益和净利润同时在利润表中披露缺乏理论依据。

2. 所有者权益变动表在财务报告体系中的弱化

上市公司日益成为现代资本市场的融资主体，作为公司权益所有人的广大投资者更加关注企业所有者权益的信息。从功能上所有者权益变动表和利润表都是为资产负债表服务，利润表是用来反映企业财务状况的数据，而所有者权益变动表主要是反映一定时期内所有者权益变动的情况。根据新修订的 CAS 30，与原会计准则相比作出的一项变更就是强调了各个财务报表具有同等的重要程度。然而国际上很多文献在对其他综合收益列报展开的研究表明相对于所有者权益变动表，投资者通过在利润表中列示的其他综合收益更易识别公司是否存在利润操纵（赫斯特和霍普金斯，1998；亨顿和马萨，2006；班伯等学者，2010 等），这主要是由于报表使用者对所有者权益变动表的关注度普遍低于利润表。从会计准则制定者的角度希望投资者面对企业提供的不同财务报表予以同等的关注程度，然而在实际中并非如此，这主要是由于所有者权益变动表的披露信息体现了所有者权益变动的两个主要方面，一方面是企业与所有者之间发生的资本性交易，该类交易一般比较简单且发生频率较低，这一类的交易可以通过财务报表附注直接获取，因此从信息含量的角度看所有者权益变动表和财务报表附注提供了类似的可替代的信息；另一方面是企业在会计年度内产生的经营业绩，影响因素复杂且发生频繁，这部分信息以不同的形式分别在所有者权益变动表和利润表中进行披露，且在利润表中的信息含量远高于所有者权益变动表。因此，要提高所有者权益变动表在财务报表逻辑关系中的作用，首先需要明确所有者权益变动表是对资产负债表和利润表动态变动程度的说明和补充。而要实现所有者权益变动表在资产负债表和利润表之间的桥梁作用，最为重要的就是所有者权益变动表的"变动性"特征上，对于企业与所有者之间发生的资本性变化，所有者权益变动表通过"所有者投入和减少资本""利润分配"等项目予以很好的体现，然而对于综合收益当期的变动情况，在所有者权益变动表中却无法得到全面的体现。例如，其他综合收益的重分类调整项目，目前会计信息使用者无法通过财务报表了解其他综合收益发生的全过程，只能获得当期发生的净额和期初期末的余额，而只有其他综合收益发生变动的全过程才能够反映企业资产负债变动对应的经济后果，因此，在所有者权益变动表中缺乏其他综合收益当期重分类调整发生额的披露信息，使得这部分信息无法从财务报表中直接获取，同时，导致所有者权益变动表提供的信息不充分而降低其在报表逻辑关系中的作用。

3. 间接法下现金流量表与利润表的脱节

间接法下现金流量表的编制基础是将以权责发生制为基础计算的净利润调整为以收付实现制为基础计算的经营活动现金流量净值，该项金额与直接法下编制的现金流量表相一致。通过现金流量表的补充资料，对已确认的利得和损失进行调整，协调了以权责发生制为基础的利润表和以收付实现制为基础的现金流量表。然而随着综合收益信息在利润表中披露，利润表和间接法下编制的现金流量表的逻辑关系被打乱。在利润表中披露综合收益意味着将其他综合收益作为收益项目予以确认，这部分信息的有用性体现在可以帮助投资者预测企业未来现金流，因此，综合收益与企业的现金流密切相关。

从财务报表逻辑关系来看，利润表中反映了与本期现金流和未来现金流密切相关的综合收益，然而在编制现金流量表时却依然按照原会计准则的要求将净利润作为起点进行编制，忽视了其他综合收益对现金流的影响，因此，利润表和间接法下编制现金流量表对于收益的确认基础存在差异，使得利润表和间接法下编制的现金流量表缺乏逻辑关系。

2.5.3 基于其他综合收益信息披露的财务报表逻辑关系重构

从上述问题可以看出综合收益信息的披露打破了原有财务报表的逻辑关系，需要对财务报表关系进行重构，而重构的过程需要通过完善综合收益信息披露来实现。

1. 增加"综合收益表"

相对于传统利润表项目，其他综合收益具有波动性大且难以被企业控制等特点，会计信息使用者通过利润表获取企业持续经营的信息而通过其他综合收益项目获取的是企业可能面临的风险信息，因此，其他综合收益项目和净利润项目存在明显差异，将这两项信息在同一张报表中披露容易误导信息使用者，班伯等学者（2010）研究发现超过 80% 的样本公司考虑到综合收益波动性的影响而选择在所有者权益变动表中披露信息。根据美国注册会计师（AICPA）《改进企业报告》的改进意见，建议今后的财务报表划分为核心活动和非核心活动两个部分。将经济利润根据不同业务类型予以区分，由于企业的交易、事项或者情况而产生的能够用货币计量的净资产变动都属于财务业绩，包括：不同类型的业绩计量，例如，生产、制造、加工、仓储、运输等经营活动所产生的经营业绩；为预期变动而买卖证券交易活动所产生的投资业绩；发行股票、债券等理财活动所产生的理财业绩；以及环境影响（如物价、利率或汇率变动）所产生的其他业绩。在会计中最重要的经济利润指标就是净利润，因此，利润表提供的信息主要用来解释企业已确认已实现的利得或损失，在此基础上增加一张与之同等重要的"综合收益表"来反映已确认未实现的利得或损失，从而给报表使用者提供会计主体真实而全面的财务业绩信息。"综合收益表"以传统利润表的最后一行会计信息作为其第一行，以"综合收益总额"作为其最后一行，"综合收益表"的各组成部分与传统利润表的各组成部分具有相同的地位。对于新增的综合收益表，需要在财务报表列报准则中予以说明，同其他财务报表一并构成企业的对外报告体系。

此外，按照收益的性质区分盈利和盈利以外的其他综合收益，盈利应能用来确切计量企业在一个会计期间内经营、投资和理财等活动的业绩。盈利作为本期经营业绩的计量，是管理当局可控因素造成的，反映特定会计期间管理当局的努力和成就。而盈利以外的其他综合收益则为企业不可控的外界因素形成的利得和损失。盈利侧重于反映管理当期获得的经营业绩，而综合收益则侧重反映企业当期确认的全部财务业绩。这样分类既满足使用者决策有用性的需求，又满足了报告受托责任的需要。

从财务报表的逻辑关系看，增加的综合收益表克服了利润表的编制基础与现实披露之间的矛盾，并与利润表共同用来解释企业与所有者之间资本性交易以外企业期初与期末净资产变动的全部原因。

2. 提高所有者权益变动表在报表逻辑关系中的信息含量

提高所有者权益变动表在报表逻辑关系中的信息含量，主要是通过对其他综合收益变动过程的信息披露来实现。对于未来可重分类进损益的其他综合收益信息，当期的存量数据中包含了已确认未实现的利得或损失以及当期重分类进损益的项目，前者较后者市场化程度更高，而后者则易被企业操控，因此需要将上述具有不同信息含量的项目在所有者权益变动表中分别予以披露，反映了其他综合收益信息增减变动的详细情况。改进后的所有者权益变动表具体见表2-3。

表2-3 所有者权益变动表

项目	A公司						
	实收资本（或股本）	资本溢价	减：库存股	其他综合收益	盈余公积	未分配利润	所有者权益合计
一、本年年初余额							
二、本年增减变动金额							
净利润							
其他综合收益（未实现的利得或损失）							
其他综合收益（当期重分类进损益）							
综合收益总额							
……							

从财务报表逻辑关系看，完善其他综合收益信息披露中的重分类调整事项，使得所有者权益变动表体现了资产负债表和综合收益表在综合收益方面的

动态变动过程。具体的逻辑关系表现为其他综合收益各个明细项目当期发生的净额在综合收益表中体现，同时，在所有者权益变动表中披露其他综合收益当期的增减变动情况，最终变动的余额与资产负债表中的其他综合收益相对应。通过所有者权益变动表，既可以提供所有者权益总量增减变动的信息，也可以提供所有者权益具体项目增减变动的结构性信息，同时，强化了资产负债表、综合收益表、所有者权益变动表三表的逻辑关系。

3. 综合收益表与间接法下现金流量表关系的改进

当前我国采用间接法编制现金流量表的起点仍为净利润，体现了现金流量表与利润表勾稽关系的纽带为净利润，净利润代表着会计主体与非所有者身份的其他方交易增加的净资产，构成资产负债表中所有者权益的重要构成部分和所有者权益变动表中所有者权益变动的重要因素，是报表使用者最为关注的项目。我国采用以净利润为起点的经营现金流计算方法，该种方法一直被采用作为验证及说明经营现金流量，实现了现金流量表与利润表之间的对接，揭示了企业利润与当期经营活动现金流之间的差异，利于会计信息使用者对企业盈利质量的判断。但是利润表反映的内容和项目构成从净利润拓展至综合收益，则利润表与其他报表之间的原以净利润为纽带的相关项目已不适用，需要从综合收益的角度出发作出相应的调整。其原因包括：一是现金流量表与利润表之间的逻辑关系纽带发生了改变，已由之前的净利润转化为综合收益，为实现两表的信息衔接，需要以综合收益为起点计算经营现金流；二是综合收益通过净利润与其他综合收益分别列示，其他综合收益亦分为以后会计期间将重分类进损益的其他综合收益和以后会计期间不能重分类进损益的其他综合收益分别列示，使得已确认但未实现的相关损益对现金流量的潜在影响在报表的层面体现出来，帮助报表使用者基于更加透明的信息对企业价值、风险管理、未来现金流等决策相关项目作出更加准确的判断。

因此，间接法下编制的现金流量表应以综合收益表披露的最终数据作为起点，对综合收益的不同来源进行调整，反映综合收益与经营活动现金流之间的差异，将未涉及现金的部分予以调整得到本期的经营活动现金净流量，在新的报表逻辑关系下现金流量表联结了综合收益表和利润表两张报表，实现了从综合收益到经营活动现金流的调整过程。以综合收益为起点编制现金流量表可以采用分步调节的方法：第一步将综合收益调整为经营活动的综合收益；第二步将经营活动的综合收益调整为经营活动产生的现金流量，这种方法将影响综合收益而未影响现金流以及影响现金流而未影响综合收益的项目通过间接法下编制的现金流量表反映出来，增强了财务报告的透明度，实现了间接法下编制的现金流量表和综合收益表在收益确认基础的一致性，同时完善了财务报表间的逻辑关系。

通过现有会计准则体系下其他综合收益信息披露对财务报表逻辑关系的影响进行分析，本书提出其他综合收益信息披露的改进方案以及改进后的财务报表逻辑关系（见图 2 - 1）。

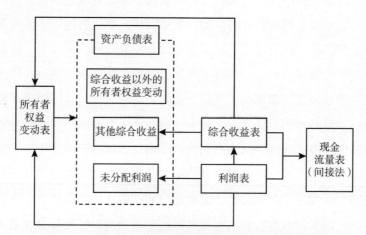

图 2 - 1　改进综合收益信息披露后的财务报表逻辑关系

当然，由于财务会计固有特点的制约，目前的综合收益包含的内容除了传统利润表的内容之外，只包括限定项目所形成的其他综合收益。其他综合收益的信息披露是一个动态的不断完善和细化的过程，需要构建综合收益的概念框架，界定净利润和其他综合收益的概念边界，对资产负债表项目采用公允价值或现行价值计量，以确认更多的未实现价值变动，使得综合收益尽量符合经济利润实质，以此为基础才能构建清晰完善的财务报表逻辑关系。

| 第 3 章 |

综合收益的理论基础

综合收益相关的理论基础，包括经济学理论、损益满计观以及财务会计学中的会计信息决策有用性。其中经济收益理论部分，主要是分析和阐述经济学中的经济收益与传统会计学的会计收益之间的关系；损益满计观部分主要是论述损益满计观的特征以及对传统会计原则的挑战和突破；决策有用性则从相关性和可靠性两个角度展开分析，并确定本书研究的理论视角。

3.1 综合收益产生的理论基础

3.1.1 受托责任观与决策有用观

从目前来看，存在两种不同、关于财务报告目标表述的观点：受托责任观与决策有用观。由于会计目标引导和指引着会计信息系统的运行，所以不同的财务报告目标决定着企业提供财务报告的信息的侧重点。

1. 受托责任观

关于受托责任观起源于宗教用语，随着其在经济生活的普遍化，被意为资源的管理者对资源的所有者承担的、对资源所有者交付的资源进行有效经营和管理的责任。此后受托责任观被引入到公司治理中，即资源的受托者对资源的委托者负有解释、说明其经营活动及其结果的义务。这与公司治理中的"说明责任观"不谋而合。此外，随着公司治理的"利益相关者观"的逐渐蔓延和发展，受托责任的内涵也逐步扩展到"社会责任"（social responsibility）。由此可见，立足于公司治理的背景，受托责任观的基本内涵可以概括如下：

（1）委托代理的存在是受托责任观的基石。在委托代理关系下，受托方接收资源投入方的委托，将承担起合理管理和运用受托资源、使之在保值基础上实现增值的责任。

（2）受托方承担如实向委托方报告和说明履行受托责任的过程及其结果的义务。

（3）随着公司治理内涵的丰富和外延的扩大，公司的受托者还承担着向企业的利益相关者报告社会责任情况的信息。

受托责任观要能够得到明确的履行，一般要求有明确的委托代理关系。在受托观下，使用者（投资者）更关注资本保全（资本保值和增值）以及经营业绩（反映管理业绩）和现金流量（反映现金股利的金额，发放的时间安排和不确定性）等信息。通过财务报告提供的信息，应能帮助投资者（股东）通过决策，促进其投资的增值和投资回报的最大化。

2. 决策有用观

美国财务会计准则委员会（FASB）在财务会计概念框架中首次提出了会计信息决策有用性，将财务会计目标由受托责任观转移至决策有用观。决策有用观下的会计信息供给不再是狭义的帮助公司所有者了解管理层的受托履职情况，而是为利益相关者（包括现有或潜在的投资人、信贷人、供应商、顾客、员工、政府部门等）提供有关企业财务状况和经营成果的信息并据此作出相应的经济决策，因此在决策有用观下对会计信息提出了更高的要求，只有当财务报告的使用者运用会计信息时才可以认定该项会计信息具有决策有用性。当然决策有用观是作为财务报告的目标呈现出来，但是如何帮助财务报告实现决策有用性的会计目标则需要建立相应的会计信息质量特征体系，目前主流的观点是将相关性和可靠性作为决策有用性的两个最主要的信息质量特征，并在此基础上提出更为具体的信息质量要求，主要的会计信息质量构建体系见图 3 - 1，当然对于不同国家的会计准则制定机构而言，需要结合本国的经济发展、法律法规以及企业特征等因素提出更符合本国的会计信息质量特征体系。

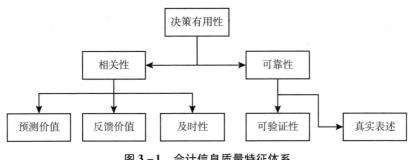

图 3 - 1　会计信息质量特征体系

对于决策有用性的研究主要从相关性和可靠性两个方面展开：

（1）相关性是指会计信息系统提供的会计信息与利益相关者的决策相关，从相关性的角度出发又引申出预测价值、反馈价值和及时性三项会计信息质量特征，其中预测价值要求企业提供的会计信息能够帮助利益相关者预测企业未来的财务状况、经营成果和现金流量等情况；反馈价值是利益相关者在获得会计信息之后能够及时地予以吸收和反应，意味着会计信息具有一定的信息含量并为利益相关者所识别和运用；及时性意味着信息的传递具有时效性，如果信息采用的是历史信息或者实现时再予以确认，则信息的相关性减弱，不符合决策有用性的会计信息要求。

（2）可靠性是指会计信息合理地、不受错误或偏向的影响，能够真实反映出企业的财务状况、经营成果和现金流量，一般而言可靠性包括公允披露、中立性、无重大失误、完整性和谨慎性[①]。会计信息可靠性的实现一般依赖于独立第三方对企业的会计信息进行审核并出具标准的审计意见。

有效的会计信息在所有权和经营权两权分离的情况下降低了投资者决策过程中的风险和不确定性，而实现会计信息决策有用性的前提条件是一方面要求会计信息具备相关性和可靠性的特征；另一方面是会计信息使用者可以接受并

---

① 葛家澍，杜兴强．会计理论［M］．上海：复旦大学出版社，2012.

运用这部分会计信息。然而会计信息不同质量特征需要进行权衡和协调，例如在强调及时性时，则会影响到会计信息的可靠性。因此，关于相关性和可靠性的内涵以及两者的辩证关系一直都在不断地探讨。

综合收益信息的披露是否具有决策有用性，由于大部分的信息均来源于公允的会计信息，因此，本书主要是从相关性的角度探讨综合收益的决策有用性。综合收益会计信息包括净利润和其他综合收益，其中净利润主要以当期已确认已实现的损益为主，而其他综合收益则将当期未实现的损益予以确认，说明会计信息在及时性会计特征上得到充分体现，因此要证实综合收益及其组成部分的决策有用性还需要从预测价值和反馈价值两方面进行探讨。

根据决策有用性理论，会计信息使用者是在不确定条件下进行决策，由于时间概率并非具有完全的客观性，因此，投资者可以通过获得额外信息以修订决策者对决策后时间发生概率的判断。财务报告提供了有用的额外信息，这部分信息必须有助于预测未来的投资收益，包括预测未来的盈利能力和未来公司的现金流量，因为两者都可以用来预测投资收益，只是两者在预测过程中发挥的作用存在差异，因此，本书在预测能力的检验中将首先考虑综合收益在预测未来的盈利能力和未来公司现金流中的作用。对于高质量的盈利往往期望较高的盈利反映系数，而当期好或坏的盈利消息，其预期的将来持续性越强，则盈利反映系数越高，由于盈余信息的持续性会影响到会计信息质量，因此从预测价值的角度而言需要考虑的另一个方面就是会计信息的持续性，即盈余信息自身的预测能力。

在决策理论中，投资者均为理性的投资者，在进行决策时选择产生最大期望效用行为的投资者，并且在投资过程中考虑风险因素和未来收益的期望，对于给定的期望回报，理性的投资者希望承担最低的可能风险，而对于给定的风险投资者希望获得最高的期望报酬。因此，意味着在考虑反馈价值时不但需要获取价值相关的会计信息，还需要获取与风险相关的会计信息，并且将两部分结合起来进行判断才能符合理性投资者的决策理论。

3.1.2 资产负债观与收入费用观

全面收益概念终极的内涵是，在收益的确定方面要遵循"资产负债观"，而不是"收入费用观"。但由于财务会计固有特点的制约，目前综合收益表包含的内容除了传统利润表的内容之外，只包括限定项目所形成的其他综合收益。即目前的综合收益概念仍然是奠定在"收入费用观"基础上的，但却突破了"当期营业观"，逐渐向"损益满计观"靠拢。

1. 资产负债观

资产负债观（asset and liability view）认为，利润是剔除所有者与企业的经济往来外的、企业在某一期间内净资产（net asset，即所有者权益）的变动额。换言之，资产负债观强调企业资本的保全，认为在资本得到保全后才可以计算利润。由于资本保全目前存在着货币资本保全和实物资本保全两种观点，所以资产负债观下的利润相应地也可以分为货币资本保全下的利润观和实物资本保全下的利润观。前者即货币资本保全观下的利润计算强调原始投入的货币金额得到保全的前提下企业净资产的变动，这基本等同于货币产出（收入）减去货币投入（历史成本）之后的净结果，因此，其与收入费用观下的总括收益观基本接近。而实物资本保全下的利润确定，则利润等于已取得的收入和按照现行成本计价的成本与费用之间的差额。所以，从上述分析可以得出资产负债观应该是实物保全下的资产负债观。

资产负债观在复式簿记出现之初得到全面的贯彻，然而由于企业持续经营逐渐可能成为一种趋势，投资者无法等到企业经营终结时再确认利润，为此产生了人为、定期确定利润的需要。但是，资本市场的不确定性和信息搜寻的复杂性及高成本性，使得企业无法在每个人为的会计期间结束时，按照现行成本确定期末净资产或所有者权益的金额，因此就无法与期初净资产进行比较确定利润。因此，现行成本的难以确定性导致了严格意义上的资产负债观操作存在着困难，进而使资产负债观暂时逐渐为收入费用观所超越。

2. 收入费用观

收入费用观（revenue and expense view）认为，利润是收入和费用配比的结果，如果收入大于费用则意味着盈利，反之则意味着亏损。因此，在收入费用观下，利润确定的关键是正确地确认收入、费用，以及收入和费用的恰当配比。收入费用观是在定期（人为而非自然划分的定期）确定利润要求的推动下而迅速发展的。自佩顿和利特尔顿（1940）、利特尔顿（1951）开始，利润表便被看作是财务报表的重心，由此带来了对收入费用观研究的若干结论。最典型的是，将收入费用观具体化为本期营业观与损益满计观。

收入费用观和资产负债观是两种不同的收益计量模式。虽然理论界和实务界一致认可资产负债观下的收益能够真实体现经济学意义上的"财富增加"，但长期以来，收入费用观主导着会计准则的制定。尽管其为满足收支配比产生了一些性质不明的递延费用和递延贷项，但并未动摇收益的真实性和可验证性。但是，收入费用观下收益计量客观性的基本前提是货币购买力基本稳定下特定主体持续的正常经营活动，这种前提下的收益不会产生除净利润之外的综合收益概念。物价波动、金融创新与衍生工具的大量运用及频繁的企业并购冲击了以历史成本、实现原则、配比原则为基础的收入费用观，人们逐渐认识到，上述因素已使得收入费用观下的收益失去其客观性。

综合收益作为会计要素纳入会计概念框架预示着收入费用观向资产负债观的转变（哈里·I. 沃尔克等著，2010）。两者的核心差异在于是否确认各种交易和事项引起的持有资产与负债的未实现损益。两个因素推动了人们对综合收益的认知与运用：（1）价格波动性。资产负债观和收入费用观下的收益差别源于价格波动对历史成本计量基础的冲击。没有价格波动，收益只产生于交易与收支配比事项，就不会有持有利得或损失；没有价格波动，收入获取与资产流入或负债减少、费用发生与资产流出或负债增加同步且等量，通过收入费用发生计量资产与负债，与通过资产负债变化计量收入与费用具有一致的结果。（2）公允价值计量。历史成本属性的报表便于市场从中提取信息，但因缺乏及时性降低了会计信息价值相关性，因此，引入公允价值计量是资产负债观下合乎逻辑的选择。随着企业以公允价值计量的资产负债项目增加，综合收益与净收益的差距、传统列报模式下表外列示项目和金额也不断增大。人们对日益增长的财富变化被排除在收益列报之处的担忧要求综合收益在表内列示，从而允许不同特征的构成部分被察觉并分别评估（约翰逊等学者，1995）。目前，尽管将综合收益信息在表内列报，但未从正面规范其确认和计量，而只是在净利润列报的基础上规范已出现的其他综合收益项目的列报，原因就在于从认知和技术上看，对所有资产负债进行公允价值计量的条件尚不成熟。

3.1.3 本期营业观与总括收益观

自 20 世纪 30 年代开始，收益报告的"总括收益观"（"综合收益观"）与"本期营业观"成为会计职业界最前沿的争论焦点（达利瓦等学者，1999）。争论的核心问题是收益列报是否应该包括"与公司经营无关的市场状况变化产生的项目""不可持续、非常规和非正常的项目"产生的损益（厄尔·K. 斯蒂斯，2013）。基于当时历史成本计量背景，总括收益观产生之初并未出现因公允价值波动而产生的未实现损益。因此，两种观点下的区别是如何列报非经常性损益和前期损益调整项目。公允价值计量模式导致持有资产与负债公允价值变动未实现损益如何列示的问题。总括收益观所指的一切收入、费用、利得和损失是否包括已确认的未实现损益？有些文献认为目前其他综合收益项目都属于总括损益观下的损益项目（达利瓦等学者，1999），但也有学者认为总括收益观下的收益不等于综合收益，应该满足"已实现剩余关系"（钱伯斯等学者，2007）。

1. 本期营业观

这种观点认为本期利润仅包括当期进行营业活动所产生的利润，因而利润表中只应列示与本期营业有关的收入、费用项目。以前年度利润调整及本期产生的非经常性收支不是经常发生，且非企业管理当局所能控制，故他们不应影响利润表。在本期营业观下，利润表才能真正反映企业本期经营管理的业绩；报表使用者关心的也仅是企业当期正常经营的利润。如果以前年度的利润调整影响本期盈亏，不仅以前年度利润失实，受到牵连的本期利润表也不能真正反映企业本期的盈利水平，利润信息的预测性价值会降低。

这种观点着眼于衡量企业的经营效率，考察企业资源在经营活动和盈利过程中的有效运用。为此，AICPA 于 1994 年颁布的《改进企业报告——着眼于用户》的研究报告特别建议，将那些来自企业持续的、可重复性的经营活动带来的利润称为核心利润（core profit，由核心收入与费用配比得到），而将其他一些非正常的损益成为非核心利润。这种观点的优势在于可以真正反映企业各期经营管理的业绩，但是它将本期会计核算的非经营性收支直接调整未分配利润项目，往往导致报表使用者忽略这些项目的重要性而作出错误判断。另外，本期营业观下，必须区分营业利润与非营业利润，这给实际操作带来了一定难度。就同一企业而言，某个项目本期划为营业利润，下期可能划为非营业利润；同一项目在不同企业的归类也会不同。这就造成了报表信息的不可比，同时给企业管理当局调节各期利润以可乘之机。

2. 总括收益观

总括收益观的提出无疑借鉴了经济学上的收益观，而它在会计学界的深入人心则源于20世纪五六十年代的"本期营业观"和"总括收益观"之争，此后通过不断完善，在实践中逐渐占据了上风。利润表模式本身可以看成是对总括收益观的某种程度的近似和折中。这里的综合收益就是一种总括的综合的收益概念，收益观念的更新和会计实务反应的迟钝反映出传统会计原则和惯例对会计实务的深刻影响。尤其是会计准则制定机构基于社会各层面利益的考虑，并妥协于企业"收益平滑化"的需要，允许一些财富变动项目绕过收益表而仅仅体现为资产负债表中的权益变化。此类调和政策赋予现行财务报告体系诸多的"暧昧主义"色彩，以至于体现企业财富增加的净资产变动和净利润之间缺乏明朗化的联系，这也直接或间接地促成了业绩报告改进的现实必然性。

从各国和国际准则的嬗变进程不难看出，在学术观点博弈与利益相关方博弈过程中总括收益观渐渐趋于主导地位。在美国财务会计准则委员会（FASB）财务会计概念第1号《企业编制财务报告的目的》中"综合收益"与"收益"表示的意义相同，而在第3号中，将综合收益作为会计要素，以区别于收益。英国会计准则委员会1992年颁布的财务报告准则第3号《报告企业财务业绩》明确提出编制"全部已确认利得和损失表"，该表对"本期已确认的利得和损失"的解释与"综合收益"基本相同。FASB 1997年发布的SFAS130正式规定报告主体必须通过可选择的方式在表内列示综合收益。国际会计准则理事会（IASB）2007年9月发布的《国际会计准则第1号——财务报表列报》规定在一张单一报表或两张报表中列报"损益和其他综合收益"项目,但不允许在权益变动表中列示这些项目。IASB《财务会计概念框架(2010)》以及FASB《财务会计概念公告第8号》都明确指出,用扣除直接从投资者和债权人获取额外资源以外的经济资源及其要求权变化来反映主体财务业绩的信息,有助于评价主体过去和未来产生现金净流量的能力。IASB 2010年发布的《其他综合收益项目列报》中建议取消综合收益列报的选择权,要求在一张报表中连续列示收益和其他综合收益。

综合收益概念的提出体现了会计目标与计量的两大转变:一是财务呈报目标从"受托责任观"到"决策有用观"的重大转变;二是收益计量从"收入费用观"到"资产负债观"的重大转变。它一方面揭示了收益所引起企业财富变动的性质;另一方面还突出了收益来源和表现形式的多元化特点。与此同时,综合收益观还形成对传统会计原则的挑战和突破,进一步推动了会计理论和实践的丰富与发展。

首先,总括收益观挑战历史成本计量原则。历史成本决定了资产的入账价值,进而也决定了资产转移价值和费用计量的基础,并由此带来一系列问题:一是对于没有明确的历史成本支出而对企业发展具有重要意义的"软"资产项目不能在会计上得到应有体现,大大降低了会计信息的相关性和有用性;二是形成盈利的单一计量模式,而对于企业财富变化的各个侧面等其他经济收益来源关注不够;三是对于企业持有资产的价值变动导致的利得和损失无动于衷,扭曲了企业财富的整体真实价值。而综合收益观则要求对于企业财富变化的各个不同侧面都给予应有的关注,并在"收益"上有所体现,这就势必改变企业的历史成本模式而适当重视对现有资产存量价值的重新计量,诸如公允价值等优越计价模式也随之浮出水面。

其次,总括收益观突破了传统收益确认的实现原则的限制,或者说极力拓展了实现原则的内涵。传统的实现原则立足于可靠性的考虑而把收益和利得的确认建立在"已实现"上,而对于那些价值已经发生变化但尚未实现的事项和情况的影响并未在利润表上得以体现,这忽视了收益实现的潜在的时间性差异和累积影响,导致价值增值期间和收益报告期间的人为分隔,表现出重可靠轻相关的局限性。而综合收益观则将收益和利得的确认从"已实现"拓展到

"可实现"和"已赚得",对于尚未实现的净资产变动项目,如果有一定可靠程度的证据表明可以转换成现金或其他资产的要求权,在综合收益中加以确认,这同时也有助于消除传统实现原则的副产品,如绕过利润表的权益变动项目以及那些混杂于资产负债表但并不合乎资产、负债属性的递延项目,提高了企业财务状况的明晰性。

此外,总括收益观对稳健性原则进行了"颠覆"。稳健性原则作为一种修正性惯例要求,一方面同"正统"的会计原则有时候难以协调,并造成理论上的内在矛盾;另一方面表现在会计处理上具有主观随意性和"报忧不报喜"的内在不一致性,结果导致收益的人为波动,为盈余管理和利润操纵打开方便之门,其缺憾是显而易见的。而总括收益观相对更加"公平"地对待各有关交易和事项,与公允、中立、可比及一贯性等原则保持了较好的协同,有时候甚至为了提高收益信息的相关有用性,可以把不确定性和风险提高到可以忍受的水平,从而有助于满足各不同利益群体的相关信息需求。这也是当前"决策有用观"取代"受托责任观"而成为企业会计目标的主流导向的重要体现。传统的历史成本、实现和稳健性原则共同促成了一些不合理的情形发生,而总括收益观的优越性和经济现实性则能对应解决这些问题。总括收益观不但提出对传统会计原则和惯例的质疑与挑战,同时还对作为会计计量基础的权责发生制和配比原则提供了更充分、更有益的诠释,这也必将代表着会计理论和实务的发展方向。

从上述分析可以看出综合收益满足了总括收益观对会计信息的要求,包含了本期确认的所有业务活动引起的损益项目变动,不但反映了企业当期的经营成果,而且将对未来盈余产生影响的项目披露出来,为会计信息使用者提供更加充分的会计信息。

3.1.4 经济收益理论

经济收益首先起源于经济学的概念,在经济学中占主导地位的经济收益是指他在保持期末与期初同样富有的情况下可能消费的最大金额,包括了已实现的收益和未实现的收益。最早提出经济利润的亚当·斯密(Adam Smith)在

《国富论》中将经济利润界定为不侵蚀资本的可予消费的数额，其本质是当财富积累不断增加的过程即为实现的收益。按照这一观念，经济收益可根据"收益－折旧－外购商品或劳务的成本＝本期增值额"的等式计算。此后不断有学者遵循该观点并对此作出进一步的发展和延伸。

1890 年，艾尔弗雷德·马歇尔（Alfred Maarshell）在其《经济学原理》中的收益观以亚当·斯密的"财富的增加"为基础，提出区分实体资本和增值收益的经济学收益思想，进一步具体区分了资本和收益，而资本与收益的区分问题后来也成为经济学与会计学理论界的争论焦点。

美国经济学家欧文·费雪（Irving Fisher）推动了经济收益理论的发展，明确区分了资本和收益，其中资本反映的是某一时点的财富存量，它对应的是未来可能流入或者流出的资产或负债；而收益是某一时期的财富流量，它对应的是由资产变动产生的利得或者损失。此外，他根据收益分为了精神收益、实际收益和货币收益三部分。费雪对于资本和收益的区分成为了会计学进行财务信息计量和报告的主要依据。

英国经济学家希克斯（J. R. Hicks，1972 年诺贝尔经济学奖得主），于1946 年在《价值与资本》中进一步完善了经济利润的定义，即在期末和期初保持同等富裕程度的前提下，一个人可以消费的最大金额。该理论将收益视为资本价值变动，认为收益是资本价值的增值或贬值，是建立在资本保持完整的基础上能消费的数额。希克斯的定义虽然主要是针对个人收益而言的，但对企业也同样适用。例如，按照这一定义，可以把企业收益理解为在期末和期初拥有相同数量的资本前提下，企业成本核算期内可以分配的最大金额。

经济收益理论在不断完善，同时其应用也越来越广泛。尤其是以决策有用性作为财务会计的主要目标，传统的会计收益只包含现实的收益难以满足会计信息使用者的需求，经济收益理论也不断延伸到会计学领域，并引导企业将发生的全部交易或者事项带来的损益，无论是未实现的收益还是已实现的收益，均在财务报告中列示出来。当然从会计收益向综合收益转变需要一个过程，因为会计收益的形成需要考虑与确认计量相关的各项原则，例如，会计可靠性、稳健性等会计原则都成为会计收益与经济收益之间的差异，然而随着资本市场经济环境的变化以及企业经营业务的日趋复杂，会计可靠性、稳健性不断地被挑战，而以决策有用性为主的会计信息相关性成为了会计信息确认的主要目标，因此将包含更为广泛信息的综合收益从概念上讲更接近于经济利润，它是建立在经济收益理论的基础上遵循会计的原则和导向反映企业的财务状况和经营成果。因此，综合收益概念的提出代表着会计收益向经济收益发展的趋势，它实现了传统会计收益与经济收益的结合。

3.2 综合收益决策有用性研究的相关理论

3.2.1 价值相关性与风险相关性

1. 价值相关性

埃米尔等学者（1993）首次提出价值相关性，其含义为会计数据与权益市价存在显著相关性，则该会计数据具有价值相关性。一般在价值相关性的研究中常采用直接估价理论和间接估价理论。其中直接估价理论认为会计盈余直接计量了权益市场价值，或与权益市场价值存在高度相关性，因此会计盈余和股东权益账面值的大小或变化就是权益市场价值本身，对于会计盈余的确认和计量需要以相关性作为主要的会计目标；而间接估价理论则认为会计盈余不能直接计量权益市场价值，它只是扮演了一个提供信息的角色，帮助投资者判断权益市场的价值，因此，会计盈余的关键在于是否为投资者判断公司价值提供额外的信息，充分的会计信息披露尤为重要。

2. 风险相关性

"风险相关性"这一概念在国内外文献中并没有明确定义。其中，"相关性"是指会计信息系统提供的会计信息应该与使用者的决策相关。参考霍德（2006）、布哈特（2008）以及艾哈迈德等学者（2011）以风险相关性（risk-relevance）为主题的文章，我们认为，风险相关性就是指会计信息所描述的风险是否有助于使用者的决策判断。会计信息所表述的风险，可以是盈余、现金流的方差，也可以是衍生金融工具等金融工具的计量风险（艾哈迈德等学者，2011）。自 2007 年引入公允价值会计后，我国学者也对价值相关性进行了较深入的研究，并形成了与国外基本一致的意见（邓传洲，2005；刘永泽等，2011）。但有关风险相关性的研究文献在我国却较少，原因可能是我国公允价值会计较西方国家起步较晚。

根据赫斯特和霍普金斯（1998），其他综合收益和综合收益比净利润的波动性更大，增加投资者的估值风险。相对于研究股票市场价格与其他综合收益的关系，研究其他综合收益风险相关性的文献相对较少。美国的第 8 号会计概念框架指出决策有用性信息可以帮助投资者估计未来现金流的数量、时间和不确定性。一些研究者遵循这个概念框架，假设投资者可以有效地识别风险相关的信息并反映到股价中，且股票价格代表投资者的未来现金流，在研究中采用时间序列的权益回报波动性作为判断其他综合收益组成部分的波动性与公司总风险相关性的基准（FASB，2010；布莱克，2014）。根据伊斯顿和祖米卓斯基（1989）研究表明收益和回报的关系受到收益持续性以及公司在股票市场上面临的系统风险影响，考虑到价值相关性和风险相关性的关系，价值相关性并不意味着风险相关性。价值相关性是指财务报表项目与市场价格或回报之间的关系。而风险相关性是指时间序列的财务报表项目的波动与时间序列的普通股波动之间的关系。因此，当公司基本面变化导致价格变动时，价格的变动不会引起产生波动性的回报均值的偏移，即价格相关性关注的财务报表项目的一阶距与投资者回报之间的关系，而风险相关性关注的是财务报表项目的二阶距与投资者回报之间的关系。

需要注意的是，盈余信息的"价值相关性"并不等同于"风险相关性"，原因如下：（1）资本市场的投资风险与公司盈余的分布密切相关。与盈余会计信息的价值相关性对盈余数量的分析（刘永泽等，2011）不同，盈余波动更多地体现的是会计信息对资本市场上风险的一种描述，盈余波动与现金流量变化密切相关，能为使用者提供有关企业现金流变化的信息和识别更多风险。（2）两者的侧重点不一致。盈余波动既可表现为价值也可表现为风险（张普等，2010），前者侧重点是探讨盈余波动具有的内在价值，如公允价值信息的价值相关性研究（刘永泽等，2011），后者侧重点是探讨盈余波动给资本市场带来的金融风险和投资风险，即公允价值信息的风险相关性研究（比弗等学者，1970）。盈余波动若过大，企业的不确定因素增加，风险增加，可能会对股价产生负面影响。

3.2.2 信息不对称理论

信息不对称（information asymmetry）广泛存在于商业交易中。一般认为，如果在商业交易中一些人可能比其他人具有信息优势，那么该经济机制中就存在着信息不对称。信息不对称主要分为两类：逆向选择和道德风险。

逆向选择（adverse selection）是信息不对称的一种类型，交易参与者或潜在的交易参与者中的一方或多方相对于其他参与者来说具有信息优势。企业管理层（或其他内部人员）由于比外部投资者掌握更多的关于企业当经营状况和未来发展前景的信息，那么他们就可以通过暗箱操作等方式，发挥自己所掌握的信息优势来谋取自己的私人利益而牺牲外部投资者的利益。当然，外部投资者也会注意到这一点，从而他们的投资决策也就被影响了，他们会怀疑企业信息是否真实、是否可靠，一部分投资者就会放弃之前的投资意向，从而降低了资本市场运行的效率。企业管理层提供的财务报告将企业内部信息转换为公开信息，能在一定程度上降低信息不对称程度，控制逆向选择问题。

道德风险（moral hazard）是信息不对称的第二种类型，委托人在整个交易过程中难以观察到代理人的行动。道德风险的产生源于所有权和经营权的分离。作为企业所有权人的投资者（例如股东和债权人），由于存在监管成本，他们难以有效观察到企业经营者的努力程度和工作效率。这样企业经营者就有可能偷懒或怠工，或者将公司经营状况的恶化归咎于不可控制的外部环境因素，而投资者难以确定经营者是在努力工作还是在消极怠工。这种情况不仅损害了投资者的利益，而且也对整个经济运行造成了负面影响。从受托责任的角度来看，报告净利润是衡量企业管理层受托责任的一个指标，净利润不仅可以通过合同契约来激励管理层努力工作，也可以让资本市场从中获得有价值的信息，使资本市场对怠工的管理层进行经济上和声誉上的惩罚，从而在一定程度上控制了道德风险。

布什曼和斯密（2001）从理论上提出了会计信息通过三种途径影响企业的资本配置：一是帮助管理者和投资者甄别出投资项目的好与坏；二是可以发挥对管理者的监督和控制机制，使管理者将资金配置于好的项目；三是通过降低与投资者之间的信息不对称解决逆向选择问题。鲍尔和科塔里（1989）指出在企业中，会计信息成为市场价格的替代，反映企业经营绩效为主的会计信息引导着资源优化配置。希利和帕利普（2010）、比德尔和希拉里（2006）认为，高质量会计信息能通过改善契约和监督，降低道德风险和逆向选择来提高公司投资效率。高质量的会计信息还可以降低道德风险，缓解市场的信息不对称程度，使外部资金提供者更好地评价企业的投资机会，帮助企业甄别好的项目，提高企业投融资效率，监督管理者的行为，改善公司治理水平并更好地保护投资者（希利和帕利普，2010），进而影响信息不对称的程度。威尔第（2006）的研究进一步证实了高质量会计信息能够缓解信息不对称和代理冲突，减少公司的非效率投资。

综合收益信息的披露建立在信息不对称理论的基础之上，由于所有权与经营权相分离，信息不对称带来的道德风险和逆向选择问题需要通过充分的信息披露得以缓解，在一定程度上降低了管理层操纵盈余的空间，提高了会计信息透明度，减弱了利益相关者的信息不对称程度。

第 4 章

综合收益相关会计准则变迁与比较

4.1 综合收益相关的会计准则规范

　　财务报告的重心根据外部环境的变化经历了一个辩证过程的转移，起初资产负债表是唯一的报表，利润通过所有者权益期初期末的差额来进行确定。之后随着企业融资手段的多元化，企业将向社会公众募集权益资本作为其主要的融资方式，而这些外部利益相关者对企业财务状况的信息更加重视。因此，利润表应运而生并在一定时期超过资产负债表而成为第一财务报表。然而，由于传统的利润表本身固有特点的制约，有相当一部分对投资者决策有用的信息由于不符合财务会计确认和计量的要求而被排除在报表之外。尤其是自 20 世纪 90 年代以来，随着经营环境的变化以及衍生金融产品的不断出现，企业的经营活动也日趋复杂，导致传统的利润表反映的会计信息仅局限于企业当期主营业务导致的利得或损失，无法全面反映企业的经营状况。为此利润表经历着前所未有的质疑与指责，作为准则制定风向标的美国财务会计准则委员会（以下简称 FASB）和国际会计准则理事会（以下简称 IASB）在反复讨论研究之后最终决定要求企业披露综合收益会计信息，该项会计信息不但包括传统利润表中的经营性损益和非经常性损益，还包括其他综合收益相关的利得和损失。

美国颁布《财务会计准则公告第 130 号——报告综合收益》（以下简称 SFAS 130）之前经历了漫长的探讨和研究，其中最具有代表性的是奥尔森（1995）以及费尔特姆和奥尔森（1995，1996）提出将清洁盈余运用到证券估值中的理论框架，证明了清洁盈余在企业估值中的重要作用。清洁盈余会计要求在利润表中记录的盈余采用损益满计观。然而在企业财务报告过程中，存在一部分不属于利润表而直接计入到资产负债表的不洁盈余（dirty surplus），这部分不洁盈余的特征在于企业发生的与所有者交易无关同时又影响所有者权益的事项，主要由未实现利得和损失构成。

首次提出综合收益概念的是美国颁布的第 3 号概念公告，即综合收益是企业在一定时期内除与所有者交易之外的全部净资产变动总额，之后的准则基本都以上述概念为基础予以界定。在第 5 号概念公告中 FASB 指出在财务报告中应当披露综合收益及其组成部分，明确说明从含义和内容上综合收益均大于当期损益。FASB 的第 6 号概念公告在原概念框架基础上将遵循披露综合收益信息的会计主体拓展到非营利组织。当然上述概念公告并未将企业列示综合收益及其组成部分的会计信息作为强制信息披露事项，然而综合收益的部分项目依然绕过利润表而在所有者权益中列示，例如外币报表折算差额、可供出售金融公允价值变动损益等。在 1993 年投资管理与研究协会（The Association for Investment Management and Research，AIMR）提出在报告中增加披露综合收益的信息，该报告从证券分析师的视角出发指出随着资本市场的国际化进程加快，证券分析师需要企业提供更多的与决策相关的会计信息。为此美国 FASB 于 1997 年颁布了 SFAS 130，对综合收益及其组成部分的列报和披露予以规定，并且赋予公司自行选择在利润表或者所有者权益变动表中列示综合收益信息。IASB 于同年 9 月正式发布了修订的《国际会计准则第 1 号——财务报表列报》（以下简称 IAS1），在该项准则中要求企业披露综合收益及其组成部分的会计信息。自此 IASB 和 FASB 已经将综合收益的构成及其列报作为财务报表列报合作项目的重要组成部分（IASB，2008；FASB，2008）。

此后 FASB 在 SFAS130 的基础上对综合收益相关的信息披露作出进一步的修订，其中 2011 年 6 月发布了《会计准则修订——综合收益列报》（Accounting Standard Update 2011 – 05），其中一条规定允许企业自行选择将净利润和其他综合收益在同一张连续报表中列报，或是将两者列报在不同的报表中，但这两张独立报表必须前后连续，并且净利润是综合收益报表的有效组成部分。对于大多数企业而言，这项规定只是在形式上的变更，即将其他综合收益从利润表的附注部分转移到利润表的主体部分进行披露，与综合收益相关的实质问题更未得到根本的解决。IASB 主席汉斯·胡格沃斯特（Hans Hoogervorst）在 2011 年 4 月召开的 IFRS 分类标准年度会议上指出财务报告不应该纠结于"其他综合收益应该在一张表上披露还是在不同的报表披露"，而应该着眼于将更多的精力和注意力放在处理更复杂的财务报告问题上。新准则的第二项变更为要求企业将其他综合收益重新分类的调整项目（recycle）从累计其他综合收益（AOCI）调整到利润表中，这些调整项目必须在利润报表中逐项计量和列报。当企业将其他综合收益的调整项目簿记到利润报表中以记录重新分类时，才会出现上述"循环"披露问题。如果一个企业的其他综合收益构成复杂，按新准则要求不论其他综合收益与净利润是合并披露或是单独披露，企业都需要单独编制表格，详细列明调整项目。例如，一家制造型企业，将退休金费用分配并归集到制造成本中，而后又将制造成本转移到存货成本中，此时企业需要在其他综合收益报表中将这部分退休金费用作为"费用项目"单独列报。针对该项新准则，FASB 收到的意见函指出由于缺乏详尽的指引，新准则下企业在财务报告上将耗费更多的精力，并可能给财务报告者带来困惑。为了响应上述意见，FASB 在 2011 年12 月又发布了新准则的修订案，推迟实施其他综合收益的"循环"披露规定。在 2012 年 6 月 20 日召开的会议中，FASB 仍在探讨变更累计其他综合收益的重分类列报要求是否必要。

与此同时，IASB 于 2011 年 6 月正式发布了修订的《国际会计准则第 1号——财务报表列报（其他综合收益项目的列报)》，将其他综合收益项目划分为"满足特定条件时后续将重分类计入损益的项目"和"不能重分类计入损益的项目"两类区别列报。

FASB 在《第 2013 – 02 号会计准则更新（ASU），综合收益（主题 220）：从累计其他综合收益中重分类出来的金额列报》中并未改变目前对净利润及其他综合收益的呈报要求。此份 ASU 只是在原呈报要求的基础上提出了新的要求，即仅在累计其他综合收益重分类的项目被要求在相同的报告期内全部重分类计入净利润时，列示该重分类项目对净利润线上项目产生重大影响的金额，并且应当在利润表中或者财务报表附注中列示。从以上 IASB 和 FASB 修订的财务报告准则变迁来看综合收益的重分类项目是会计准则制定机构讨论和研究的重点之一。与此同时，FASB 发布了一项新的可扩展商业报告语言（XBRL）实施指南——《美国公认会计原则（U. S. GAAP）财务报告分类标准实施指南——其他综合收益》（以下简称《指南》）。该《指南》主要解决 XBRL 中涉及其他综合收益的交易事项的披露建模问题。其展示了如何为其他综合收益交易事项的披露建立模型，模型主要关注其他综合收益累计值的变动以及重分类上，同时还概述了其他综合收益的组成元素及其属性。

随着综合收益在国际上的广泛运用，我国理论界和会计准则制定机构也开始予以关注。我国关于综合收益相关的会计准则始于 2006 年新的企业会计准则，虽然该准则并未正式提出综合收益这个概念，但是在基本准则中已经提出了直接计入所有者权益的利得和损失，初步体现了综合收益的理念。2009 年 6 月，财政部印发《企业会计准则解释第 3 号》，要求上市公司自 2009 年 1 月 1 日起在利润表每股收益项下增列其他综合收益项目和综合收益总额项目。2009 年 12 月，财政部又印发《关于执行会计准则的上市公司和非上市企业做好 2009 年年报工作的通知》，配合解释第 3 号利润表格式的修改，对所有者权益变动表的格式也进行了调整，同时对其他综合收益项目在附注中的披露作出了具体的规定，该项规定强调了综合收益作为所有者权益的性质。2014 年财政部对《企业会计准则第 30 号——财务报表列报》进行了修订，要求在利润表中列式其他综合收益和综合收益，并将其他综合收益分别按照以后会计期间不能重分类进损益的其他综合收益项目和以后会计期间在满足规定条件时将重分类进损益的其他综合收益项目两类进行列报。此外在资产负债表中增加列示其他综合收益的累计发生额，该项规定强调了综合收益作为收益的性质，对于综合收益的信息披露具有重大的意义。

从综合收益相关准则的不断更新和完善可以看出准则制定机构对于综合收益信息的重视，希望通过综合收益的披露为信息使用者提供决策所需信息，增强会计信息的透明度。随着经济全球化进程的推进，跨国公司面对的信息使用者日趋多元化，会计准则的趋同提高了会计信息的可比性并在一定程度上降低了企业和会计信息使用者协调信息供给不一致带来的额外成本，而综合收益的信息披露的趋同也起到了相同的作用。已有的研究也证明了准则趋同的作用，例如，贝等学者（2008）研究发现 GAAP 的差异与国外证券分析师跟随和分析师预测准确度呈负相关关系。周和泰勒（2008）全球化的会计准则趋同可以提高国际四大会计师事务所的服务水平和质量。因此，在这一背景下综合收益为越来越多的会计准则制定机构采纳和运用，对于如何披露和使用综合收益会计信息也成了各国理论界和实务界探讨的重点，对于如何披露综合收益各国间准则制定机构仍然存在差异，且准则制定者的目标与会计信息使用者提供信息的目标也不一致。综合收益相关会计准则制定的目标在于提高会计信息相关性和可理解性，国际上大部分国家的会计准则允许企业自行选择在利润表或者单独的综合收益表中列示综合收益信息，美国在制定准则初期给予企业较大的选择权，即除上述选择外还可以在所有者权益变动表中披露综合收益信息，然而结果表明在美国大部分公司选择在所有者权益变动表而非利润表中列示综合收益信息。根据有效市场假说，即投资者在买卖股票时会迅速有效地利用可能的信息，所有已知的影响股票价格的因素都已经反映在股票的价格中，因此，综合收益信息以何种方式披露对于会计信息使用者而言产生相同的效果。然而一些实证研究表明会计信息使用者（尤其是证券分析师）在运用综合收益会计信息时受到其在不同形式和位置披露的影响。赫斯特和霍普金斯（1998）发现证券分析师在评估企业价值时会运用单独披露的综合收益会计信息，而当综合收益会计信息在所有者权益变动表中列示时并不被证券分析师重视和运用。梅因斯和麦克丹尼尔（2000）将研究对象转向非专业投资者，得到与赫斯特和霍普金斯（1998）同样的发现。这些研究表明我们目前所处的市场并非完全有效市场，综合收益信息呈报的位置会影响会计信息使用者作出决策判断。此外还有研究表明综合收益在利润表或者单独的综合收益表中列示可以降低高管盈余管理的机会（亨顿等学者，2006）。从以上文献可以看出综合收益信息披露的位置会影响到综合收益信息的有用性。由于我国对于披露综合收益信息的相关会计准则采用的是强制规定，即 2009～2013 年要求上市公司在所有者权益变动表中披露综合收益,而 2014 年新修订的会计准则要求上市公司在利润表中披露,因此,在我国没有赋予企业披露综合收益信息的选择权,该项会计准则与国际上惯用的会计准则存在差异。

4.2 我国会计准则与国际会计准则关于综合收益方面的差异分析

2006 年我国新的会计准则颁布标志着我国会计准则与国际会计准则的趋同,自此我国会计准则的制定依据不再局限于中国的准则制定机构,而需要同时考虑国际会计准则制定的方向。当然在会计准则趋同的大方向下,准则的制定作为不同利益主体博弈的过程仍然需要兼顾准则实施的主体与环境,因此,我国会计准则与国际会计准则仍然存在一定的差异。

美国由于其先进的资本市场环境以及开创性的金融工具运用,使得美国会计准则一直是会计准则制定的风向标,国际会计准则委员会与美国财务报告准则委员会也一直为消除两者的会计准则差异而努力,对于财务报表中其他综合收益(OCI)项目的列报规定,2011 年 IASB 与 FASB 分别发布了对相关会计准则的修订。IASB 发布了《其他综合收益项目的列报》对《国际会计准则第 1 号——财务报表列报》(IAS1)进行修订,要求企业在遵从 IFRS 编制财务报表时,应在"损益和其他综合收益表"中的"其他综合收益"部分中将可能重分类为"损益"部分的项目归总列报。与此同时,该修订稿还对"其他综合收益和损益项目都应该在一张报表或两张连续报表中列报"的现有规定进行了重申。FASB 则发布了《2011 年第 5 号会计准则更新——综合收益(主题 220):综合收益列报》(ASU No. 2011 – 05),从而使 USGAAP 和 IFRS 对于其他综合收益的列报规定实现了趋同。这次准则修订并未提及哪些项目应在其他综合收益中列报、哪些项目以及这些项目应在何时回转归入损益。但是,要求其他综合收益作为损益表的一部分,或者以紧跟损益表的方式列报,将使财务报表使用人能更为便捷地评估其他综合收益项目对于企业整体效益的影响,并提高 IFRS 和 USGAAP 的可比性。对于此次修订,

IASB 主席大卫·泰迪爵士（Sir David Tweedie）指出："本次修订在保持其他综合收益和损益之间适度区分的同时也确保了在阅读财报时可以方便地将两者联系起来。上述会计准则变动没有涉及哪些收入和费用项目应包括在损益或其他综合收益中的议题，IASB 将在近期就是否将这个重要的议题纳入 IASB 的工作日程征求利益相关人的意见。"虽然 IASB 与 FASB 致力于消除会计准则间的差异，通过上述会计准则的修订在一定程度上提高了会计信息的可比性，然而由于会计准则制定方所处的立场不同，且对于其他综合收益相关的准则只是在列报方式上达成统一，其他与综合收益相关的确认与计量会计准则同样存在差异。

对于综合收益相关会计准则，我国会计准则与国际会计准则以及美国会计准则建立的背景迥异，对于综合收益的价值相关性也存在很大区别，因此，本部分将对综合收益在不同会计准则的差异进行梳理，分析差异存在的原因及其影响。

近年来，综合收益一直是众多学者关注与研究的焦点，其列报与重分类问题不断吸引大家的眼球。对于"综合收益"的比较研究有利于发现突破口，同时，也为我国会计准则的不断完善奠定基础。

"综合收益"一词最早是由美国财务会计准则委员会（FASB）于 1980 年提出，1985 年对综合收益提出了定义，即一个企业在经营期间内由于交易和其他非亲自股东的事项所引起的所有者权益的变动，之后在 1997 年发布了 SFAS130，明确综合收益的组成，将其划分为综合收益和其他综合收益。国际会计准则委员会（IASB）于 2007 年在修订的 IAS1 中也对其他综合收益进行了定义，指出综合收益是按照其他国际财务报告准则不要求或不允许在损益中确认的收益和费用项目（包括重分类调整），同时，损益是收益减去费用的总差额，但不包括其他综合收益的组成部分。我国最早于 2009 年提出综合收益，并于 2014 年在《企业会计准则第 30 号——财务报表列报》修订发布了综合收益，阐述了其概念与列报要求。本书将对比分析综合收益在不同会计准则下的列报内容与要求，从列报位置、内容、项目构成等方面比较分析综合收益（见表 4-1 和表 4-2）。

表 4 - 1   各会计准则制定机构关于综合收益的列报要求

对比	披露位置	内容构成	其他综合收益所包含的具体项目	
			以后期间不能重分类进损益的	在满足条件下能够重分类进损益的
中国会计准则	利润表	净利润和其他综合收益的税后净额	1. 重新计量设定受益计划净负债和净资产的变动 2. 权益法下在被投资单位不能重分类进损益的其他综合收益变动中享有的份额	1. 按照权益法核算的在被投资单位可重分类进损益的其他综合收益变动中所享有的份额 2. 可供出售金融资产公允价值变动形成的利得和损失 3. 持有至到期投资重分类为可供出售金融资产形成的利得和损失 4. 现金流套期工具产生的利得和损失中属于有效套期的部分 5. 外币财务报表折算差额 6. 自用房地产或作为存货的房地产转换为以公允价值模式计量的投资性房地产在转换日公允价值大于账面价值部分等
IASB	损益和其他综合收益表（一表法）和损益及其他综合收益表（两表法，如果列报单独的损益表，则在列报综合收益的报表中不再列报损益部分）	净损益和其他综合收益	1. 不动产、厂房、设备和无形资产重估盈余的变动 2. 设定收益计划精算利得和损失 3. 与其他综合收益组成部分相关的所得税	1. 外币报表折算产生的利得和损失 2. 现金流量套期、境外经营净投资套期中套期工具产生的利得和损失的有效部分 3. 按照权益法核算的在联营、合营企业投资，被投资单位除了净损益以外所有者权益的其他变动 4. 与其他综合收益组成部分相关的所得税 5. 可供出售金融负债减值确认 6. 可供出售金融资产公允价值变动 7. 可供出售金融资产减值确认 8. 可供出售金融资产所得税影响 9. 持有至到期投资减值确认
FASB	综合收益表（一表法）或第二业绩表（两表法）	净损益和其他综合收益	1. 可供出售金融负债减值确认 2. 持有至到期投资减值确认	1. 国外经营的财务报表折算产生的利得和损失 2. 现金流量套期、境外经营净投资套期中套期工具产生的利得和损失的有效部分 3. 按照权益法核算的在联营、合营企业投资，被投资单位除了净损益以外所有者权益的其他变动 4. 设定收益养老金计划的精算利得和损失，如果确认为其他综合收益（也可分期确认为损益），以后期间可以重分类至损益 5. 可供出售金融资产的汇兑损益 6. 可供出售金融资产公允价值变动 7. 可供出售金融资产发生减值

表 4 – 2   各会计准则制定机构关于综合收益的规范历程

对比	详细程度	信息规范	发展历程
中国企业会计准则	我国会计准则紧紧跟随国际会计准则的步伐，但是由于我国会计准则下公允价值计量还未全面实施，因此"重估盈余的变动"在中国的会计准则中并未得到反映	中国企业会计准则中，会计要素不包含利得和损失，虽然它们来源于企业，但是，准则中规定，它们与收入和费用相比，并不是处在相同的地位水平。而综合收益是要全面反映企业的收益情况，相比于 IASB 和 FASB，我国损益类会计要素尚需完善	1. 2006 年《企业会计准则第 30 号——财务报表列报》要求企业在所有者权益变动表第三部分列报"直接计入所有者权益的利得和损失"，这是我国会计准则第一次提出列报属于其他综合收益的内容 2. 2009 年《企业会计准则解释第 3 号》增加了利润表的内容，要求在利润表中对其他综合收益与综合收益进行列报（利润表中的其他综合收益需为税后净额，具体项目和所得税在报表附注中予以披露） 3. 2012 年《企业会计准则第 30 号——财务报表列报》（征求意见稿）将其他综合收益是否能够重分类进损益分两类列报，并且调整综合收益在所有者权益变动表中的列报，同时增加报表附注披露的内容 4. 2014 年《企业会计准则第 30 号——财务报表列报》要求在利润表中列报综合收益和其他综合收益税后净额，同时将其他综合收益具体项目按照是否能重分类进损益分两类列报，此外，将其他综合收益扣除所得税后的金额反映在资产负债表中，而在所有者权益变动表列报其他综合收益金额，不再对其具体项目进行列报。在报表附注中披露"其他综合收益各项目的调节情况表"和"其他综合收益各项目及其所得税影响和转入损益情况表"
IASB	相比于 CAS 和 FASB 下的会计准则，IASB 准则内容最为详细，它规范了重估盈余的变动，在 IASB 准则下，土地、厂房和设备以及无形资产可以采用成本模式或者重估模式进行后续计量，在重估模式下，重估盈余的变动所产生的其他综合收益在资产处置时不能重分类进入损益	综合收益包含净损益和其他综合收益，在净损益和其他综合收益中，利得和损失均是其列报的内容，IASB 和 FASB 会计准则中，不仅把收入和费用定义为会计要素，而且把利得和损失定义为会计要素，这样在列报综合收益时，能够更加全面地体现出企业的全面收益情况	1. 2007 年修订的《国际会计准则第 1 号——财务报表列报》中对其他综合收益进行了定义，规定可以采用一表法或者两表法列报其他综合收益，并且要求披露其他综合收益项目的重分类调整 2. 2010 年《其他综合收益项目列报（征求意见稿）》要求将其他综合收益按照以后期间是否能够重分类进损益分为两类项目，并且采用一张综合收益表进行列报 3. 2011 年《国际会计准则第 1 号——财务报表列报》规定企业可以资助选择一表法或两表法，并且要求企业将其他综合收益按照以后期间能否重分类进损益分两类列报

对比	详细程度	信息规范	发展历程
FASB	FASB 会计准则下有关其他综合收益会计处理的项目很多内容与 IASB 会计准则的项目类似，但是也存在一些不同之处，如：净资产重估盈余的变动FASB 准则中并未予以规定；可供出售金融资产汇兑损益将其划分为可以计入以后期间能够重分类进损益的项目，而 IASB 准则尚未将其归属于其他综合收益中		1. 1985 年《财务会计概念框架公告第 6 号：财务报告要素》提出综合收益和其他综合收益的概念，要求其他综合收益项目在报表附注中披露 2. 1997 年《美国财务会计准则第 130 号——报告综合收益》指出企业可以选择一表法、两表法和所有者权益变动法对于其他综合收益进行列报，且可以选择税前金额或税后金额进行列报 3. 2011 年《2011 年第 5 号会计准则更新——综合收益（主题 220）：综合收益列报》规定综合收益可以使用一表法或者两表法，取消了权益变动法，要求按照是否能够重分类进损益列报"其他综合收益"具体项目，此外，在所有者权益变动表中列示出其他综合收益年初金额，本期发生额与年末"累计其他综合收益"金额 4. 2013 年《第 2013 - 02 会计准则更新（ASU），综合收益（主题 220）：从累计其他综合收益中重分类出来的金额列报》，对于累计其他综合收益中重分类事项进行了补充说明，要求在不改变列报形式的前提下，列示出从累计其他综合收益中重分类进入损益的金额

4.3　基于境内外银行业差异的视角分析综合收益会计准则

4.3.1　研究背景

1980 年，美国财务会计委员会（FASB）首先提出了综合收益的概念。至此，综合收益的概念便得到了不断的进步和发展。1985 年颁布的《财务会计概念公告第 3 号——财务报表要素》中 FASB 将综合收益作为十个会计要素之一。1997 年美国颁布的 SFAS130 号《美国财务会计准则第 130 号——报告综合收益》。正式对其他综合收益作出了界定并指出"其他综合收益指的是根据公认会计原则，包含在综合收益中但不属于损益的收入、费用、利得及损失"，并提出了综合收益的组成为净利润和其他综合收益，要求企业报告综合收益。

同时为综合收益的列报提供了可供选择的披露模式可采用一表法、两表法或权益表动表详细报告其他综合收益。这也凸显出了其他综合收益的重大影响。而国际会计准则委员会（IASB）对综合收益的研究则相对较慢，直到 2007 年 IASB 发布《国际会计准则第 1 号——财务报表列报》，才将其他综合收益定义为："其他综合收益是指按照其他国际财务报告准则不要去或不允许在损益中确认的收益和费用项目，同时，损益指收益减去费用的总差额，但不包括其他综合收益的组成部分。"2008 年国际金融危机的爆发，暴露了现有会计准则存在的漏洞和弊端。提高会计信息的透明度，建立高质量的会计准则，成为社会各界的普遍要求。基于此，2011 年 IASB 颁布了"其他综合收益项目的列报"，同年 FASB 发布了"2011 年第五号会计准则更新——综合收益：综合收益列报"。因此，在综合收益列报形式上实现了趋同。准则指出综合收益仅允许在财务业绩报告利润表中列报，可选择单表式或两表式，要求连续列示"损益"和"其他综合收益"的具体项目构成以及"其他综合收益"到"损益"的重分类调整。至此，IASB 与 FASB 在综合收益列报形式上实现了趋同。可以说国际上对于综合收益的研究经历了一个漫长与复杂的过程。

为了实现与国际会计准则的趋同，我国的企业会计准则也有了较大的发展。2006 年我国颁布了新会计准则，其中《企业会计准则——基本准则》中引入了"利得"和"损失"的概念。新企业会计准则的颁布为其他综合收益概念的发展奠定了基础。2007 年起，我国上市公司开始在所有者权益变动表中报告净利润和直接计入权益的利得和损失，标志着我国上市公司非正式报告综合收益的开始。2009 年财政部颁布的《解释第 3 号》首次提出了"综合收益"概念，规定在利润表中要列示"其他综合收益"和"综合收益总额"，在附注中也要详细披露其他综合收益的相关内容，由此综合收益被正式纳入我国会计准则；2014 年《企业会计准则第 30 号——财务报表列报》对综合收益进行了明确定义指出"综合收益就是指企业在某一期间与所有者以其所有者身份进行的交易之外的其他试行或者交易所引起的其他所有者权益的变动"。并要求将"其他综合收益"分为两类列报，即可重分类进损益的和不可重分类进损益的。这是我国综合收益改革的逐步尝试，也标志着我国会计准则的不断国际化。

4.3.2　研究意义

伴随着综合收益研究的不断发展，其他综合收益的分类也逐渐地进行细化。带动其他综合收益变化的项目和情况也产生了差异。GAAP、IFRS 以及我国企业会计准则的规定都有所不同。但是，综合收益 = 净利润 + 其他综合收益税后净额的等式保持着恒久不变。因此，各个准则列报内容的不同主要体现在其他综合收益项目上。无论是 GAAP、IFRS，还是我国的企业会计，其他综合收益项目的列报均有所异同，但是具有相同点的是它们都有关于外币折算带来的综合收益变化的相应规定。

根据 GAAP 和 IFRS 的外币折算准则我们可以看出两者同时规定由此形成的相应差异要记入其他综合收益并且在以后年度要重分类进损益。而根据我国的企业会计准则中外币折算的准则来看当企业对境外经营的财务报表进行折算时，应当将外币财务报表折算差额以公允价值模式进行计量在资产负债表中所有者权益项目下单独列，并且记入其他综合收益。并且在处置境外经营时以投资收益科目重分类进损益。

传统的研究综合收益的相关性、综合收益的预测价值等相应文章在做实证研究或者规范研究时都会主动地剔除金融机构。这样做的目的一方面保证了数据的相关性；另一方面减少了数据研究的困难。但是根据相应的会计准则的比较来看，外币折算业务一定会影响其他综合收益，进而影响综合收益，而金融业涉及大量此类业务。因此，传统数据的研究对金融企业的忽略是否合理？金融企业的综合收益到底呈现出一种什么样的态势？是否具有相应的价值相关性？基于此，本书选取了国内外四家主要银行进行研究。

4.3.3　数据选取与研究

1. 数据选取

根据三项企业会计准则的相应规定，外币折算都会对其他综合收益产生研究，基于此，在选取国内银行时考虑了相应的外汇业务的发展程度，最终选择了中国银行、中信银行的相应数据。外资银行必然会涉及相应的外币业务，因此，选取了在国内上市的两家外资银行即渣打（中国）银行、汇丰（中国）银行的相应数据。

2. 四家银行的基本情况说明

（1）汇丰（中国）银行。

汇丰银行（中国）有限公司于 2007 年 4 月 2 日正式开业，总行设于上海，是一家本地注册的外资法人银行，由香港上海汇丰银行有限公司全资拥有。其前身是香港上海汇丰银行有限公司的原中国内地分支机构。汇丰中国前身是香港上海汇丰银行有限公司的原中国内地分支机构。

香港上海汇丰银行有限公司于 1865 年在香港和上海成立，是汇丰集团的创始成员和集团在亚太区的旗舰，亦是香港特别行政区最大的本地注册银行及三家发钞银行之一。

香港上海汇丰银行有限公司 150 年来从未间断在内地的服务，是在内地投资最多的外资银行之一，在投资自身发展的同时，也入股内地中资金融机构，其中包括入股交通银行 19% 的股份。香港上海汇丰银行有限公司在上海设有一家分行，从事外汇批发业务。

2008 年 10 月 21 日，汇丰控股宣布透过附属机构 HSBC 亚太控股以内部现金 6.075 亿美元，收购印度尼西亚最大工商银行之一 PT Bank Ekonomi Raharja Tbk（"Bank Ekonomi"）88.89% 股权，交易完成后，汇丰将在印度尼西亚的 24 座城市，拥有 190 个网点，成为继渣打银行和花旗集团之后的第三大外资银行。

2013～2016 年《金融亚洲》杂志将其评为中国最佳外资（商业）银行。

2009～2014 年《亚洲银行家》杂志将其评为中国最佳外资零售银行。

（2）渣打（中国）银行。

渣打银行（又称标准渣打银行；Standard Chartered Bank）是一家建于 1853 年，总部设在伦敦的英国银行。渣打银行 1858 年在上海设立首家分行。2007 年 4 月，上海渣打银行（中国）有限公司成为第一批本地法人银行之一。渣打银行是一家领先的国际银行，为遍布亚洲、非洲和中东市场的个人和企业客户提供金融服务，支持他们进行投资、开展贸易。渣打集团在伦敦证交所、中国香港证交所，以及印度的孟买及印度国家证券交易所挂牌上市。它的业务遍及许多国家，2004 年其利润的 30% 来自中国香港地区。

渣打银行是一家领先的国际银行，在全球一些最有活力的市场上经营 150 多年，拥有员工约 84000 名。渣打银行主要为亚洲、非洲和中东市场的个人和企业客户提供金融服务，进行投资、开展贸易，并实现财富增值。

渣打银行自 1858 年在中国上海开设首家分行以来，在华业务经营从未间断。2007 年 4 月，渣打银行（中国）有限公司成为第一批本地法人银行之一。这充分显示了渣打银行对中国市场的承诺以及在银行业的领先地位。目前，渣打银行在全国近 30 个城市拥有超过 100 家营业网点。

2016 年渣打银行获得中国银行业协会的信用卡创新奖、英国和美国商会的企业社会责任大奖；《财资》的最佳跨国/大型企业司库和运营资本管理银行奖；《第一财经日报》年度银行间市场产品创新奖；《亚洲银行家》的最佳外资私人财富管理业务奖；《证券时报》最佳财富管理机构奖。

（3）中国银行。

1912 年 2 月，经孙中山先生批准，中国银行正式成立。从 1912 ~ 1949 年，中国银行先后行使中央银行、国际汇兑银行和国际贸易专业银行职能，坚持以服务社会民众、振兴民族金融为己任，历经磨难，艰苦奋斗。1949 年以后，中国银行长期作为国家外汇外贸专业银行，统一经营管理国家外汇，开展国际贸易结算、侨汇和其他非贸易外汇业务，大力支持外贸发展和经济建设。改革开放以来，中国银行牢牢抓住国家利用国外资金和先进技术加快经济建设的历史机遇，充分发挥长期经营外汇业务的独特优势，成为国家利用外资的主渠道。1994 年，中国银行改为国有独资商业银行。2004 年 8 月，中国银行股份有限公司挂牌成立。2006 年 6 月、7 月，中国银行先后在香港联交所和上海证券交易所成功挂牌上市，成为国内首家 "A + H" 发行上市的中国商业银行。2016 年，中国银行再次入选全球系统重要性银行，成为新兴市场经济体中唯一连续 6 年入选的金融机构。

中国银行是中国国际化和多元化程度最高的银行，在中国内地及 51 个国家和地区为客户提供全面的金融服务。主要经营商业银行业务，包括公司金融业务、个人金融业务和金融市场业务，并通过全资子公司中银国际控股有限公司开展投资银行业务，通过全资子公司中银集团保险有限公司及中银保险有限公司经营保险业务，通过全资子公司中银集团投资有限公司经营直接投资和投资管理业务，通过控股中银基金管理有限公司经营基金管理业务，通过控股中银航空租赁有限公司经营飞机租赁业务。

（4）中信银行。

中信银行是中信集团旗下最大子公司，成立于 1987 年，是中国改革开放中最早成立的新兴商业银行之一，是中国最早参与国内外金融市场融资的商业银行，并以屡创中国现代金融史上多个第一而蜚声海内外，为中国经济建设作出了积极的贡献。

2007 年 4 月，中信银行实现在上海证券交易所和香港联交所"A + H"同步上市；2009 年，中信银行成功收购中信国际金融控股有限公司，控股中信银行（国际）有限公司。2011 年，中信银行圆满完成"A + H"配股再融资，奠定新阶段的发展基础。2015 年，中信银行制定了三年战略规划，确定了建设"最佳综合融资服务银行"的战略愿景。目前，中信银行总资产近 6 万亿元人民币，在英国《银行家》杂志 2017 年 2 月评出的"全球银行品牌 500 强排行榜"中，中信银行品牌价值 94.79 亿美元，排名第 22 位；2016 年 5 月《福布斯》杂志公布的"全球企业 2000 强"排名，中信银行居全球企业第 79 位；同年 7 月英国《银行家》杂志公布的"世界 1000 家银行排名"中，中信银行居一级资本排名第 30 位，总资产排名第 36 位，已成为一家资本实力雄厚，具有强大综合竞争力和品牌影响力的国际化金融机构。

在经济新常态和金融市场化的时代背景下，中信银行以"最佳综合融资服务银行"为发展愿景，充分发挥中信集团金融与实业并举的独特竞争优势，全力打造综合化服务平台，提升中信银行核心竞争力的独特优势。

中信银行坚持以客户为中心的经营理念，向企业和机构客户提供公司银行业务、国际业务、金融市场业务、机构业务、投资银行业务、同业业务、托管业务等综合金融解决方案；向个人客户提供一般零售银行、信用卡、消费金融、财富管理、私人银行、出国金融、电子银行等多元化金融产品及服务。全方位满足企业及个人客户的综合金融服务需求。

中信银行在全国 126 个大中城市设有近 1400 家营业网点，主要分布在东部沿海地区和中西部经济发达城市，拥有员工 5 万余名。中信银行下设四家附属公司，在中国内地设有浙江临安中信村镇银行股份有限公司、中信金融租赁有限公司；在香港设有中信银行（国际）有限公司、信银（香港）投资有限公司（原振华国际财务有限公司），其中中信银行（国际）有限公司在中国香港、中国澳门、纽约、洛杉矶和新加坡设有 40 多家营业网点，拥有员工 1700 余名。

中信集团作为中信银行大股东，是一家国有大型跨国企业集团，也是中国最大的综合性企业集团。成立三十多年来，中信集团一直走在中国改革开放的前沿，业务涉及金融、资源能源、装备制造、工程承包、房地产和其他领域。2014 年 8 月，中信集团改制设立中信股份（HK00267），是最大的恒生指数成分股公司之一。截至 2015 年 12 月 31 日，中信股份总资产达港币 68033 亿元，归属于普通股东的权益为港币 4791 亿元。在 2016 年美国《财富》杂志"世界 500 强"企业排名中居 156 位。

3. 四家银行的其他综合收益构成比较说明

根据我国企业会计准则的相应规定，2014 年及之后要求其他综合收益项目需要进行明确的列示，明确区分为可以重分类进损益及不可重分类进损益两个部分。因此，对相应的银行项目进行相应的比较。

从报表上可以明确地看出由于 2014 年以后我国会计准则的变化，国内两家银行明确地将列示分为两部分，两家外资银行则没有进行完全的区分列示，但是它们的集团公司都进行了明确的列示。

根据报表中的相应数据，我们的数据主要来自港交所、深交所、上交所、各个银行主体的网站、巨潮资讯网以及国泰安数据库、Wind 数据库等。具体汇总如表 4-3~表 4-6（所有的表格均以百万元为单位）。

表 4 – 3 　　　　　　　　　　中国银行　　　　　　　　　单位：百万元

项目	2012 年	2013 年	2014 年	2015 年	2016 年
不可重分类进损益					
重新设定收益计划		39	−233	−161	259
权益法下不可重分类进损益					
其他		−121	5	14	18
合计		−82	−228	−147	277
可供出售金融资产	4677	−7041	8340	−15128	6573
权益法下可重分类进损益	−55	−35	256	−131	−361
外币报表折算差额	981	−5160	−2759	6896	15480
现金流套期保值					
其他	101	300	471	336	1898
合计	5704	−11936	6308	−8027	23590
总计	5704	−11854	6080	−8174	23867

表 4 – 4 　　　　　　　　　　中信银行　　　　　　　　　单位：百万元

项目	2012 年	2013 年	2014 年	2015 年	2016 年
不可重分类进损益					
重新设定收益计划		18	8	2	7
权益法下不可重分类进损益					
其他				8	8
合计		18	8	10	15
可供出售金融资产	−313	−4769	444	4756	−1871
权益法下可重分类进损益	5				
外币报表折算差额	12	−2455	−2473	−1370	526
现金流套期保值					
其他		189	188	188	188
合计	−296	−7025	−1841	3574	−1157
总计	−296	−7007	−1833	3584	−1142

表 4 - 5　　　　　　　　　　汇丰（中国）银行　　　　　　　单位：百万元

项目	2012 年	2013 年	2014 年	2015 年	2016 年
不可重分类进损益					
重新设定收益计划					
权益法下不可重分类进损益					
其他					
合计					
可供出售金融资产	- 0.6	- 3.77	0.12	3.19	0.58
权益法下可重分类进损益					
外币报表折算差额					
现金流套期保值					
其他					
合计					
总计	- 0.6	- 3.77	0.12	3.19	0.58

表 4 - 6　　　　　　　　　　渣打（中国）银行　　　　　　　单位：百万元

项目	2012 年	2013 年	2014 年	2015 年	2016 年
不可重分类进损益					
重新设定收益计划					
权益法下不可重分类进损益					
其他					
合计					
可供出售金融资产	0.05	- 1.61	2.6	0.11	- 2.26
权益法下可重分类进损益					
外币报表折算差额					
现金流套期保值	- 0.31	- 0.24	0.46	0.04	- 0.01
其他					
合计					
总计	- 0.26	- 1.85	3.06	0.15	- 2.27

4. 数据比较分析

基于可比性的原则，本书对数据进行了横向比较以及纵向比较。纵向比较上，我们分别观察了四个主体 2012～2016 年其他综合收益列报与综合收益列报的相应情况，以期看出综合收益的列报是否伴随着会计准则的逐步规范逐步地扩大相应的数额，从绝对量和相对量作出一个比较。横向比较上，由于 GAAP、IFRS 以及我国企业会计准则存在相应的差异，因此，我们希望通过横向比较可以看出国际之间的一个差异。是否伴随着逐渐对于综合收益研究的发展和重视，国内外企业都进行了更为详尽的披露？国内外金融企业其他综合收益是否都具有相关性？国内外金融企业的其他综合收益列报的价值谁的更高？我们都希望通过横向比较可以得出相应的结论。

国际会计准则 2011 年规定了其他综合收益分为两类，我国于 2012 年对其他综合收益明确分为可重分类进损益和不可重分类进损益，因此，我们以 2012 年为基准期进行了数据的搜集，选取了 2012～2016 年的相应数据并以此进行相应的分析。

（1）综合收益列式比较。

首先对四家银行其他综合收益 5 年内披露的相应数据进行汇总（图中的金额均以百万元为单位）。

从横向比较的角度来看，从图 4 - 1 中的比较可以明显看出伴随着会计准则的不断发展和完善，四家银行的综合收益列式总额基本都呈现出逐渐上升的趋势。这可以明显得出，综合收益的列报目前具有较为良好的连续性。其中增长幅度与金额比较明显的主要是国内银行。

以中国银行为例我们可以明显地看出，综合收益总额的绝对值非常大，并且呈现出一个比较平稳的趋势。当然，国内的中信银行也呈现这样的态势。这反映出我国对于综合收益的重视以及逐渐的趋同国际化。综合收益列报具有较强的连续性。

从纵向角度来看，四家银行之中，中国国内银行综合收益列式的总额要明显大于国际银行。

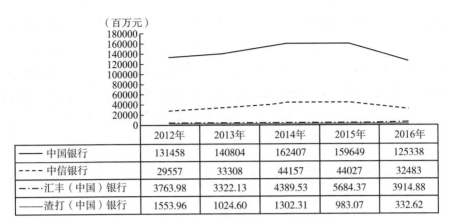

（百万元）	2012年	2013年	2014年	2015年	2016年
—— 中国银行	131458	140804	162407	159649	125338
---- 中信银行	29557	33308	44157	44027	32483
—·—·汇丰（中国）银行	3763.98	3322.13	4389.53	5684.37	3914.88
—— 渣打（中国）银行	1553.96	1024.60	1302.31	983.07	332.62

图 4 – 1　2012 ~ 2016 年四家银行综合收益列示

（2）其他综合收益列式比较。

从图 4 – 2 中我们可以明显看出，国外的两家银行其他综合收益的变动比较小，而国内两家银行其他综合收益则呈现出一种较为剧烈的变动。

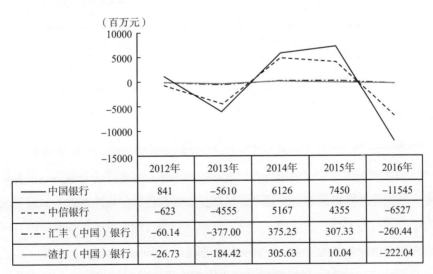

（百万元）	2012年	2013年	2014年	2015年	2016年
—— 中国银行	841	−5610	6126	7450	−11545
---- 中信银行	−623	−4555	5167	4355	−6527
—·—·汇丰（中国）银行	−60.14	−377.00	375.25	307.33	−260.44
—— 渣打（中国）银行	−26.73	−184.42	305.63	10.04	−222.04

图 4 – 2　2012 ~ 2016 年四家银行其他综合收益列示

从横向比较来看，中国银行和中信银行都呈现出一种剧烈的波动。首先，这可能受我国近些年外汇的变动有巨大的影响，因此，大大影响了外币折算；其次伴随着我国企业会计准则的不断发展，对于其他综合收益的不断细化，从职工薪酬、长期股权投资、金融工具、套期保值、投资性房地产等多个方面都影响了其他综合收益；最后，由于其他综合收益在是否可重分类进损益方面的不足以及不断地细化，带来了政策上的不断变化也造成了其他综合收益的相应变动。无论是否有剧烈的变动，都可以明显看出我国其他综合收益的总量以及增量都要高于国外的对比样本银行，这可能与政策的变动有关。

（3）其他综合收益数额占净利润比例的相对值比较。

我们可以从图 4-3 中明确看出国内的两家银行都是呈上升的趋势，而国外的两家银行相应比例的波动则比较大。

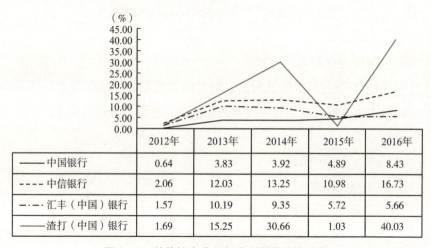

图 4-3　其他综合收益与净利润的比率分析

	2012年	2013年	2014年	2015年	2016年
——中国银行	0.64	3.83	3.92	4.89	8.43
---- 中信银行	2.06	12.03	13.25	10.98	16.73
—·—汇丰（中国）银行	1.57	10.19	9.35	5.72	5.66
———渣打（中国）银行	1.69	15.25	30.66	1.03	40.03

纵向比较来说，从国内银行我们可以明显看出，其他综合收益列示的金额逐渐变大。但是外资银行的变化就不是呈现一个持续趋势。从绝对数上来说国内银行以中国银行为例可以明显看出，它的其他综合收益的比重逐年变大，并且所占净利润比重也逐渐变大，说明披露主体越来越重视其他综合收益的披露。

从横向比较来说，我们可以明显得出的是国内银行的其他综合收益总额的绝对值要大于两家外资银行。并且从 2012～2014 年的列示中我们明显能够看出，2014 年每个披露主体都有一个相对较大的波动，因此我们推测可能是受到 2014 年企业会计准则的相应影响。在 2014 年之后每个披露主体都按照会计准则要求将相应的其他综合收益进行披露分为可重新分类和不可重新分类的，由于实施时间较短以及数据的获取程度有限，目前我们无法看到明显的效果以及趋势。

4.3.4　研究结论

通过综合收益会计准则的国际比较，可以看出从发展路径上我国与国际间的准则存在差异，国际上对综合收益信息的披露要求源于经济业务的发展与创新、决策有用性信息披露的需求以及会计信息披露者和准则约束者之间博弈的结果，因此，国际上关于综合收益信息披露的规定是曲折且具有广泛争议的。我国会计准则的要求则正好相反，从 2006 年利得与损失的披露要求，到 2009 年对其他综合收益和综合收益信息强制披露的解释公告，直至 2014 年以会计准则修订的形式要求企业在利润表中披露综合收益相关信息，因此，我国与综合收益相关的会计准则通过政府部门规章的方式实现了上市公司综合收益会计信息的强制披露。这个过程也正应了国内会计准则与国际会计准则趋同的大方向，反映了我国对收益会计信息质量提出了更高的要求。

然而，通过准则比较仍然可以看出我国与国际会计准则还存在着微小差异，这些差异在具体的案例分析过程中，通过经济后果分析的方式得以放大，使之清晰化、透明化。此外，我国会计准则中对于综合收益和其他综合收益业务的处理和规范还有待补充完善，例如投资性房地产，在国际会计准则中专门对自用房地产转移为公允价值计量的投资性房地产，产生的账面价值与公允价值的差异，分别从增加与减少两方面予以说明；再例如对于其他综合收益的所得税问题，国际会计准则也作为一个规范事项，而我国则采用的是直接定义和列举法的方式，这种方法简单且易于理解，但缺点是企业实际上面临的业务五花八门，而列举法的说明只是有代表性的情况，而无法穷尽其他情况，这势必导致企业在运用过程中存在疑惑。

无论是国际会计准则还是我国会计准则，在综合收益信息上还存在着认识的局限性以及操作的异质性，这些都会对综合收益信息的披露质量以及信息运用方面大打折扣。随着我国对综合收益信息披露的逐渐深入，长窗口的研究数据可获取性的提高，综合收益会计信息披露也会在各类研究的基础上得到逐步的完善。

| 第 5 章 |

综合收益的列报与应用研究

综合收益被认为能够克服传统净收益报告模式透明度不高、业绩信息不全面的缺陷，更有助于实现会计目标。近年来，国际会计准则理事会（IASB）和各国会计准则制定机构纷纷出台报告综合收益的规定。我国从 2009 年开始要求报告综合收益，并于 2014 年从准则层面规定了综合收益的内容和列报方式。会计信息的价值在于其在决策、风险控制和业绩评价中的运用，但目前综合收益信息的运用程度仍十分低，远没有达到准则制定者所期望的水平。

5.1 综合收益与净收益的联系与区别

我国 2014 年新修订的《企业会计准则第 30 号——财务报表列报》（以下简称《企业会计准则第 30 号》）第 32 条规定："综合收益，是指企业在某一期间除与所有者以其所有者身份进行的交易之外的其他交易或事项所引起的所有者权益变动。"企业某一时期所有者权益变动来源于以下几个原因：一是企业在该时期赚取的净收益，即利润表中的"净利润"数额；二是已确认但尚未实现的收益，如可供出售金额资产公允价值变动损益；三是所有者追加投资或撤回投资；四是向所有者分红派息。前两项之和构成准则所定义的综合收益，而第三、四项之和则是准则所称的"所有者以其所有者身份进行的交易"。美国财务准则委员会（FASB）早在 1985 年颁布的《财务会计概念公告第 3 号——财务报表要素》中将综合收益作为十个会计要素之一，并于 1997 年颁布《财务会计准则第 130 号——报告综合收益》（FAS130），要求企业报告综合收益。FAS130 明确指出：报告综合收益是为报表使用者"在评价企业经营活动、预测及控制企业未来的现金流量时提供帮助。"各国会计准则制定机构之所以要求企业报告综合收益并"将净收益作为综合收益的一个组成部分披露"（FAS130 第 13 段），主要是基于以下考虑：

1. 综合收益更能满足报表使用者的决策与风险控制需求

权益价值表示为权益当前的账面价值加上未来收益的现值，决策以权益估值为基础，而权益估值又以未来收益的预测为前提。会计决策有用目标关注的是收益的预测价值和企业价值相关性。从预测的角度看，当期收益是已实现的前期预测收益加上预测误差。准则设计解决的首要问题是如何提高本期报告收益对未来收益的预测能力。与净利润相比，综合收益包含了本期确认但在未来实现的收益信息，以综合收益为报告基础，能够降低预测误差、提高预测的准确性。因而建立在综合收益基础之上的预测能够更好地服务于股票估值，以综合收益为基础的市盈率对股价的合理性能够作出更精确的解释。盈利能力实际上是企业为投资者创造财富的能力，综合收益数字能使报表使用者在进行盈利预测时考虑影响所有者财富的所有因素，综合判断所有资源的盈利能力，从而更好地服务于决策需求。

从财务角度看，企业的风险实质上是未来现金流风险，风险管理则是对未来现金流"不确定性"的管理。收益对现金流的影响不局限于已确认并已实现的净收益，还包含已确认但当前尚未实现的收益。作为"其他综合收益"确认但未实现的收益或损失项目虽不会对目前的现金流产生直接影响，但会对未来现金流产生影响。因此，综合收益预测未来现金流的准确性优于净收益对未来现金流的预测，从而能更好地满足企业对未来现金流的控制。

2. 综合收益信息有助于对管理层的业绩评价

作为业绩评价的收益需要具备客观性和全面性。收益信息的客观性会随业绩可操纵性的上升而下降，而以综合收益为基础的业绩评价的全面性和客观性程度会高于净收益，综合收益信息中所包含的未实现盈余有利于反映报表间的勾稽关系并减少管理层的操纵，有助于管理层重视所有影响股东利益的经济活动。基于净收益指标基础上的业绩评价与激励模式，可以通过净收益项目和其他综合收益项目之间的转化达到调节净收益的目的，而以综合收益为基础的业绩评价能够有效抑制通过金融工具重分类和已持有金融工具的买卖等活动进行应计盈余操纵和真实盈余操纵，从而大大缩减利润操纵空间。同时，收益的全面性要求收益指标包含构成收益的所有因素，综合收益很好地满足了这一要求。另外，综合收益中包含着目前尚未实现、将来能否实现存在一定风险的收益（即其他综合收益），所以报告综合收益能够促使管理层关注收益的质量和收益的可持续性。可见，以综合收益为基础的业绩评价与激励能够有效抑制管理层追逐短期利益行为，使其能够关注企业长远发展、关注所有影响所有者财富的因素。

5.2 综合收益列报的变化

综合收益中的净收益始终是在利润表中列报的，因此综合收益列报模式取决于其他综合收益的列报。从会计技术角度看，其他综合收益列报有两种方式：一是直接作为所有者权益项目列报；二是作为收益项目列报。FAS130 对其他综合收益具体项目的列报做了选择性规定，报表提供者可以将其他综合收益作为所有者权益的调整项目在所有者权益表中详细列报，也可将其他综合收益作为收益项目在收益表或单独的综合收益表中列报。2009～2013 年，我国企业报表体系将其他综合收益作为所有者权益项目列报，2014 年修订的《企业会计准则第 30 号》改为将其他综合收益作为收益项目在利润表中详细列示，从而做到了在利润表中完整列示综合收益的全部内容。从理论上讲，其他综合收益项目作为所有者权益项目列报更多的是将其他综合收益项目作为权益的调整项目看待并有意淡化其收益性质，而将其他综合收益作为收益项目在利润表中列示意在强化其收益性质；从实践角度看，将其他综合收益作为收益项目在利润表中列示能够提高报表使用者的关注度，为投资者决策、企业风险管理和业绩评价提供更加透明的信息。尽管理论界对综合收益信息在决策、控制、评价等方面的运用方式观点尚未统一，实务界做法也各异，但是将其他综合收益作为收益项目列示保证了收益项目的完整性和收益指标的全面性这一点，理论界、实务界和准则制定机构已形成共识。

5.3 关于综合收益信息运用的思考

综合收益信息的应用主要体现在企业估值、风险管理与业绩评价三个方面。实际上，证券分析师或财务分析师在进行企业估值时一直是关注并考虑其他综合收益项目对企业价值的影响的，而将其他综合收益作为收益项目详细列报为他们的分析提供了更加便利的条件。但是，综合收益信息在我国企业风险管理和业绩评价方面的系统运用目前基本上属于空白。我国在推动管理会计体系建设进程中，必须重视综合收益信息在企业风险管理和业绩评价方面的运用。

1. 加强综合收益信息在风险管理中的运用

将综合收益信息应用于企业风险管理需要解决好以下三个关键问题：

（1）科学构建以综合收益为基础的财务指标。进行财务分析时，尤其是进行中长期盈利能力和偿债能力分析时必须关注综合收益对企业盈利能力、偿债能力的影响，以综合收益为基础构建利息保障倍数、资产盈利能力等指标，使其具有更多的信息含量，提高分析的准确度。

（2）关注不同类别其他综合收益项目影响未来现金流的方式。可重分类进损益的其他综合收益在影响现金流的时间方面比不可重分类进损益的其他综合收益有相对高的确定性，在影响现金流动方向方面也具有比较高的可预测性，风险分析时应给予较高的权重。

（3）基于项目特性进行风险分析。除了关注传统项目的特性外，还应关注与公允价值计量有关的项目的风险特性。例如，净收益中的"公允价值变动收益"、其他综合收益中的"可供出售金融资产公允价值变动损益"项目金额和方向可用于直接预测未来现金流的时间、方向和规模，但其他综合收益中的"现金流套期保值损益的有效部分"项目本身就是对未来现金流动风险的对冲，其金额的高低并不是评估该项目风险的关键因素，现金流套期保值风险敞口以及覆盖时间才是评估风险的重要依据。

2. 加强综合收益信息在业绩评价中的运用

客观地说，综合收益运用于业绩评价方面的难度要大于在企业估值和风险管理中的运用难度，原因在于管理层认为综合收益的管控难度远大于净收益，因而缺乏运用综合收益进行业绩评价的足够动力。2008 年西方国家发生的经济危机使管理层对综合收益的业绩评价产生了抵触情绪，因为在危机时期其他综合收益的大幅度波动引发了综合收益的波动，管理层为此将业绩波动的根本原因归为综合收益信息的运用。因此，将综合收益用于企业业绩评价，必须解决好认识问题和技术问题。

（1）认识层面。从认识层面看，综合收益信息运用于业绩评价的难度在于管理层认为综合收益指标在业绩评价中的运用导致了企业经营业绩的波动，而导致波动的很多因素是管理层难以掌控的。事实上，无论是否采取综合收益进行业绩评价，企业经营业绩的波动都是客观存在的，只是综合收益信息更全面地反映了企业业绩波动。就如公允价值的运用不会引起资产、负债价值的波动从而增加企业风险，而只是更真实地反映资产、负债的价值波动。同时还必须看到，企业经营中始终存在着管理层难以掌控的因素，无论是用净收益衡量业绩还是用综合收益衡量业绩，这些因素都是存在的。用综合收益衡量业绩客观上使管理层难以掌控的因素增加，但能够促进管理层事前决策时综合考虑各种因素的影响。另外，财务分析中任何单一指标无论用于什么方面都存在缺点和不足。业绩评价中运用综合收益信息并不意味着只用综合收益一个指标，而是建立包含综合收益信息在内的指标体系，更何况在评价过程中还可以采取剔除或调整某一具体因素的做法来满足评价要求。

（2）技术层面。从技术层面看，业绩评价中运用综合收益信息，首先，必须对综合收益指标进行必要的调整。除了按现行规定或做法调整净收益项目外，还要按照全面性、客观性和可控性要求做好其他综合收益项目的调整。例如，"现金流套期保值损益的有效部分"的功能是为被套期保值对象进行价格锁定，并最终构成被套期保值对象价值的组成部分，因此业绩考核时予以剔除更适当。其次，需要设计合理的以综合收益为基础的业绩评价指标体系。国资委等主管部门层面应按通用指标和行业特性指标相结合的方式建立业绩评价指标体系，企业自身需要根据与评价相关的激励方式的要求建立纳入综合收益信息的业绩评价指标体系。最后，在进行综合收益和净收益差异分析、综合收益指标历史数据分析的基础上，按照企业战略目标确定指标应达到的水平，以此作为业绩评价的标准。

第 6 章

综合收益的预测能力研究

FASB 于 1997 年颁布了《财务会计准则公告第 130 号——报告综合收益》。该准则颁布后就引起了广泛争议，质疑者的核心观点在于其他综合收益项目具有暂时性特征，不能反映核心盈余（core earnings），因此，其他综合收益在预测未来现金流量时并不具备相关性。

由于我国披露综合收益的时间较短，对综合收益预测能力的研究较少，检验综合收益相关的盈余质量首先需要考量的就是会计信息的预测能力，因此，本书实证研究的第一部分用来检验综合收益及其组成部分的预测能力。当使用未来盈余或未来现金流作为公司未来价值的替代变量，本书主要检验的是综合收益及其组成部分对净利润和经营活动现金流的预测能力。

6.1 理论分析

会计界最早的观点是会计数据应根据其目的和用途来进行评价。关于这一点，会计大师佩顿（Paton）在 1922 年就指出："会计是一个具有高度目的性的领域，如果它充分服务于这一目标，则任何假设、原则或程序应相应地得到证明和评价。"美国会计协会（AAA）也指出："在建立这些准则时，综合标准是信息有用性。"由于有用性也是会计界相当重要的概念，因而必须存在有效的程序，借以对有用性和无用性进行恰当的识别。但是 20 世纪 60 年代之前，由于缺乏明确的有用性检验程序，致使会计实务中"包含了如此众多的歧义和不一贯的规则。"之所以缺乏明确的有用性检验程序，主要因为对于有用性仍缺乏明确的解释性标准。关于有用性的内在含义，有关文献无一例外地将它定性为应有利于作出决策。如果将预测能力作为有用性的解释标准之一，那么预测能力与有利于作出决策这一有用性内在含义是否存在内在联系呢？一般而言，预测并不一定必然导致决策，但决策之前要进行预测。因此，预测与决策之间存在着有机联系，预测往往是产生正确、恰当决策的先决条件，并且预测能力作为会计有用性概念及其有利于作出决策的内在含义的解释标准之一，具有较强的可操作性。

盈余的预测能力是美国 FASB 概念框架体系中相关性的要素指引，从会计准则制定者的角度来看，盈余的预测能力是衡量盈余决策有用性的重要指标。根据决策有用性理论，会计信息使用者是在不确定条件下进行决策，由于时间概率并非具有完全的客观性，因此，投资者可以通过获得额外信息以修订决策者对决策后时间发生概率的判断。财务报告提供了有用的额外信息，这部分信息必须有助于预测未来的投资收益，包括预测未来的盈利能力和未来公司的现金流量，因为两者都可以用来预测投资收益，只是两者在预测过程中发挥的作用存在差异，因此，本书在预测能力的检验中将首先考虑综合收益在预测未来的盈利能力和未来公司现金流中的作用。

研究表明盈余的不同组成部分具有不同的预测价值（芬格，1994；斯隆，1996；德肖和格，2006），因此，披露与盈余相关的各项具体项目可以增强对未来业绩的预期能力（巴斯等学者，2001）。综合收益信息披露之后，在传统净利润的基础之上增加了其他综合收益，传统净利润的预测能力已经获得了证明并在预测企业价值中起到重要的作用，而其他综合收益的预测能力并未得到充分的证明和运用。已有研究中主要是针对净利润和综合收益的预测能力，且得到的结论并不一致。达利瓦等学者（1999）发现净利润较综合收益与未来一年的现金流相关性更强；而马蒂厄等学者（2009）却得到相反的结论，即综合收益与未来一年的现金流相关性更强。此外，欧汉和蒲伯（1999）指出由于证券市场存在对会计信息反映的时间差异和认知差异，因此，在同一会计年度检验的会计信息含量较少，在检验其他综合收益和未来现金流的相关关系时应考虑多年度的影响。对于其他综合收益的预测能力鲜少进行研究，其中斯金纳（1999）认为由于其他综合收益利得和损失的确认基于过去交易引起的当期市场价值的变化，因此其他综合收益相关的利得和损失与未来经营业绩或者未来现金流无关；然而奥尔森（1999）指出远期合同产生的当期利得（或者其他利得或损失）可能难以预测与远期合同相关的未来利得，但是可以预测未来损益。假如一项其他综合收益的利得或者损失在实现损益前发生反转（reverse），则这项其他综合收益难以与未来现金流产生关联，然而如果其他综合收益的利得和损失在资产负债表中累计发生多年，则处理该项其他综合收益产生现金的流入或流出将与未来的现金流相关。巴斯等学者（2001）在德肖等学者（1998）推导出的经营现金流预测模型（以下简称 DKW 模型）进行了进一步的推导，其中就是采用了若干期历史盈余滞后值预测下一年度经营现金流，得到的结论是肯定了盈余数据在现金流预测中的作用。丹尼斯和金伯利（2011）通过比较其他综合收益与利润表中特殊项目的价值相关性、预测能力和持续性，发现其他综合收益具有负向的持续性，即在未来期间发生反转，同时其他综合收益和利润表的特殊项目均对未来的净利润和未来经营活动现金流具有预测能力。

我国由于披露综合收益的时间较短，对综合收益预测能力的研究较少，根据会计信息决策有用性理论企业未来的净利润与经营活动现金流反映了公司未来的投资回报。但当期其他综合收益仅反映了相关资产和负债公允价值变动的一个期间信息，长期趋势不明确，以致财务报表使用者因为无法通过当期其他综合收益预测净利润而将其忽略。因此，当期其他综合收益和综合收益对企业未来业绩的预测作用有待检验。

6.2　综合收益预测能力的文献评述

巴斯等学者（1999）首次采用奥尔森（1999）的剩余收益模型检验盈余各组成部分的信息有用性，通过应计项目和现金流对异常收益的预测能力检验其价值相关性，指出预测能力和持续能力是影响应计项目和盈余现金流价值相关性的重要因素。

现有研究普遍认为综合收益中的其他综合收益是暂时性收益（林斯梅尔等学者，1997；巴克，2004；钱伯斯等学者，2007；延等学者，2007；班伯等学者，2010）。但是李等学者（2006）认为管理层在投资决策的对象和时点上具有很大的选择权，包括养老金计划和衍生金融工具，从而导致其他综合收益具体项目具有一定程度的持续性。琼斯和斯密（2011）比较检验了其他综合收益和利润表中特殊项目（special items）的价值相关性、预测能力和持续性，结果表明利润表中特殊项目具有暂时性，而其他综合收益利得和损失项目具有持续性。林恩和菲利普（2012）则从综合收益中其他综合收益重分类进净收益角度论述了综合收益的持续性，认为例如可供出售金融资产公允价值变动出售结转时，这一部分收益在其他综合收益中就体现负的持续性，在净收益和现金流中表现出正的持续性。因此，综合收益信息的持续性特征在不同的项目中存在较大差异，现阶段其他综合收益的增加在未来可能是一个负向的损失，或者是正向的盈利。综合收益信息中的其他综合收益可能是完全暂时性的（不持续）抑或永续存在的（100％持续）。在中国由于综合收益信息披露始于 2009 年，实施期限较短，尚无文献对综合收益中具体项目的持续性进行实证研究。

现阶段对于比较净收益和综合收益预测能力差异的相关研究文献较为匮乏。欧汉隆和蒲伯（1999）认为基于单年度数据的预测存在局限性，其他综合收益和未来现金流实现往往需要超过一年的时间来实现，因此，确认的时机选择会影响综合收益的预测能力。达利瓦等学者（1999）研究发现相比综合收益，净收益与滞后 1 年的现金流相关性更高。钱伯斯（2007）在综合收益的研究中首次采用报告数据而非估测数据，得到的结论是其他综合收益及其各组成部分具有暂时性特征。然而钱伯斯（2007）的问题在于发现可供出售金融资产公允价值变动损益较净利润更具有信息的持续性，而运用估测的数据却发现可供出售金融资产公允价值变动并不具有信息的持续性，作者对此的解释是这其中起作用的是其他综合收益重分类调整至净利润，导致其他综合收益持续性的变化，然而对于可供出售金融资产的持续性高于净利润的结论还有待进一步检验。马蒂厄等学者（2009）认为综合收益与滞后 1 年的现金流相关性要强于净收益的相关性。巴斯等学者（2001）将综合收益的信息予以细化，发现细化综合收益具体项目有助于未来业绩的预测。崔和赞格（2006）则从分析师角度出发发现综合收益信息有助于纠正其预测的正确性。

但是使用综合收益来预测未来业绩和现金流量是否合适，不同的学者有着不同的意见。斯金纳（1999）认为其他综合收益变动是由过去的非核心业务事项导致的，用来预测未来核心部门业绩和现金流是不恰当的。坎贝尔等学者（2010）研究发现现金套期保值项目与预测未来毛利润之间的显著负相关关系，内在可能的原因是套期保值是短期的往往不能覆盖整个年度，在未覆盖时间段中企业因持有货币导致的潜在风险将产生损失，因此套期保值获利越高同样预示损失的程度越高。总而言之，对于综合收益和其具体项目在预测企业未来业绩和现金流能力上并没有直接的证据，关于综合收益信息的预测能力依旧是个研究热点。

6.3 研究设计和样本选择

6.3.1 样本的选择

由于财政部在 2009 年 6 月印发的《企业会计准则解释第 3 号》中首次规定在利润表每股收益项下增列其他综合收益项目和综合收益总额项目，因此，本书以实际发生的综合收益数据为标准，选择 2009 ~ 2014 年度中国境内沪市和深市主板 A 股上市公司（也包括同时在 A 股和 B 股上市的公司，但不包括 B 股上市公司）作为样本，并剔除 ST、＊ST、SST 公司以及数据不全的样本。

根据财政部 2009 年 12 月印发的《关于执行会计准则的上市公司和非上市企业做好 2009 年年报工作的通知》规定，其他综合收益具体项目包括可供出售金融资产公允价值变动（AFS）、在被投资单位其他综合收益中所享有的份额（LIOC）、外币报表折算差额（FC）、现金流量套期（DERIV）、重新计量设定受益计划净资产或净负债导致的变化（PEN）、投资性房地产公允价值变动形成的利得或损失（IP）以及其他（OTHER）。由于其他项目（OTHER）涉及的内容比较庞杂，并且很多项目从性质上来说并不属于其他综合收益，且重新计量设定受益计划净资产或净负债导致的变化（PEN）和投资性房地产公允价值变动形成的利得或损失（IP）发生额较小，发生频率较低，因此，本书在选取其他综合收益项目时仅选取前四个项目，如果其中某一项目不存在，则将缺失值设置为0。

财务报表项目及收益率等数据取自 CSMAR 数据库，同时手工收集 2009 ~ 2014 年度沪市和深市全部 A 股上市公司报表附注中所披露的其他综合收益具体项目数据。为避免异常值的影响，对模型中各个变量上下 1% 分位数范围内的数值进行 Winsorize（缩尾）处理，共取得 2273 个观测值。

6.3.2 研究设计

本书着重研究综合收益及其组成部分对下一年度净利润和经营活动现金流的预测能力，达利瓦等学者（1999）的研究假定仅涉及延后一期的综合收益，本书在达利瓦等学者（1999）的研究基础上放宽该假定，将历史盈余阶数定为 3 阶（含本期盈余与两个历史盈余滞后变量），使得模型能够更加全面地反映历史盈余信息。因此预测模型可以表述如下：

$$Futurevalue_{i,t+1} = \alpha + \sum_{\tau=0}^{2} \alpha_{t-\tau} CI_{i,t-\tau} + controls + \varepsilon_{it} \qquad (6-1)$$

$$Futurevalue_{i,t+1} = \alpha + \sum_{\tau=0}^{2} \alpha_{t-\tau} NI_{i,t-\tau} + \sum_{\tau=0}^{2} \beta_{t-\tau} OCI_{i,t-\tau} + controls + \varepsilon_{it}$$
$$(6-2)$$

$$Futurevalue_{i,t+1} = \alpha + \sum_{\tau=0}^{2} \alpha_{t-\tau} NI_{i,t-\tau} + \beta_1 AFS_{i,t} + \beta_2 FC_{i,t}$$
$$+ \beta_3 DERIV_{i,t} + \beta_4 DERIV_{i,t} + controls + \varepsilon_{it} \qquad (6-3)$$

$$Futurevalue_{i,t+1} = \alpha + \sum_{\tau=0}^{2} \alpha_{t-\tau} NIADJ_{i,t-\tau} + \beta_1 OCIUGL_{i,t}$$
$$+ \beta_2 OCIRECY_{i,t} + controls + \varepsilon_{it} \qquad (6-4)$$

对于上述模型说明如下：

（1）模型 6－1 检验的是历史综合收益对未来一期的净利润和经营活动现金流量的预测能力。

（2）模型 6－2 将历史综合收益分解为净利润和其他综合收益，用以检验历史净利润和其他综合收益对未来一期净利润和经营活动现金流量的预测能力。

（3）模型 6－3 是在模型 6－2 的基础上将历史其他综合收益进一步按照具体构成项目划分为可供出售金融资产公允价值变动损益、外币报表折算差额、现金流套期保值工具产生的利得或损失中属于有效套期部分以及按权益法核算被投资单位其他综合收益中所享有的份额，用以检验对当期净利润和经营活动现金流。

（4）模型 6－4 同样在模型 5－2 的基础上将当期其他综合收益按照是否重分类进当期损益进行分类，划分为当期已确认未实现部分的其他综合收益和当期重分类进损益的其他综合收益，由于当期重分类进损益的其他综合收益已反映到当期净利润中，而这一部分的金额相对于其他综合收益当期已确认未实现部分更易被管理层操控，相对而言公允性较弱，因此为了检验滞后一期其他综合收益重分类项目的预测能力，在该模型中的解释变量净利润为扣除了其他综合收益当期重分类至净利润的数额，以减少变量间的共线性问题。此外，模型 6－3 和模型 6－4 中的其他综合收益具体项目由于持续性较弱，由于采用多期历史数据缺乏数据连续性，因此，在模型设计中仅涉及滞后一期的数据进行检验。

本书在上述研究模型基础上将样本细分为金融行业和非金融行业两部分进行检验，比德尔等学者（1995）指出行业间的信息差异有利于投资者作出决策，投资者通过不同行业特有的信息差异可以有效地降低信息成本，提高决策的准确性。同时，采用分行业检验较全样本检验可以获取更为稳健的检验结果。以金融工具为例，其在金融行业运用较为广泛且在财务报表所占的比重较大，然而在全样本中金融工具所占比重较小，难以通过全样本检验获得有效的检验结果，因此，在综合收益及其组成部分的预测能力检验中考虑对金融行业和非金融行业的特征分别进行探讨。

6.3.3　变量的解释及说明

表 6 – 1　　　　　　　　　综合收益预测模型变量解释及说明

变量性质	变量代码	变量名称及说明	对应模型
因变量	$Futurevalue_{i,t+1}$	上市公司第 $t+1$ 年净利润 $Net_{i,t+1}$ 上市公司第 $t+1$ 年经营活动现金流量 $OP_{i,t+1}$	预测模型 1 至预测模型 4
自变量	$NI_{i,t-\tau}$	第 $t-\tau$ 年净利润，$\tau = 0$、1、2	预测模型 2、3
	$NIADJ_{i,t-\tau}$	第 $t-\tau$ 年净利润扣除当期重分类进损益的其他综合收益，$\tau = 0$、1、2	预测模型 4
	$CI_{i,t-\tau}$	第 $t-\tau$ 年综合收益，$\tau = 0$、1、2	预测模型 1
	$OCI_{i,t-\tau}$	第 $t-\tau$ 年其他综合收益，$\tau = 0$、1、2	预测模型 2
	$AFS_{i,t}$	第 t 年年末可供出售金融资产公允价值变动	预测模型 3
	$FC_{i,t}$	第 t 年年末外币报表折算差额	预测模型 3
	$DERIV_{i,t}$	第 t 年年末现金流套期保值工具产生的利得或损失中属于有效套期部分	预测模型 3
	$LIOC_{i,t}$	第 t 年年末按权益法核算被投资单位其他综合收益中所享有的份额	预测模型 3
	$OCIUGL_{i,t}$	第 t 年年末当期已确认未实现部分的其他综合收益	预测模型 4
	$OCIRECY_{i,t}$	第 t 年年末当期重分类进损益的其他综合收益	预测模型 4
控制变量	IND	控制行业	预测模型 1 至预测模型 4
	YEAR	第 t 年，哑元变量，为该年时取 1，否则取 0	

注：为了消除截面数据带来的异方差性，上述变量都平减了变量的规模效应，即每个变量都除以了同年份年末总资产数。

6.4　实证结果与数据分析

6.4.1　描述性统计分析

本书以 2009 ~ 2014 年的样本数据为依据做了描述性统计，包括的变量有

2009～2014 年上市公司当年度净利润（Net）、经营活动现金流（OP）、综合收益（CI）、其他综合收益（OCI）以及滞后期解释变量的描述性统计结果。描述性统计的结果如表 6－2 所示，可以看出各期历史盈余数据的均值和中位数较为接近，说明历史盈余数据较为稳定。

表 6－2　　　　　　　　　　预测能力检验变量解释及说明

变量	观测值	均值	中位数	方差	最小值	最大值
$OP_{i,t+1}$	2273	0.037	0.038	0.076	－0.504	0.553
$Net_{i,t+1}$	2273	0.043	0.034	0.148	－1.043	8.441
$CI_{i,t}$	2273	0.044	0.038	0.086	－1.711	3.195
$CI_{i,t-1}$	2273	0.047	0.040	0.091	－1.711	3.195
$CI_{i,t-2}$	2273	0.050	0.043	0.104	－1.711	3.195
$NI_{i,t}$	2273	0.043	0.037	0.079	－1.713	3.219
$NI_{i,t-1}$	2273	0.045	0.039	0.082	－1.713	3.219
$NI_{i,t-2}$	2273	0.048	0.041	0.092	－1.713	3.219
$OCI_{i,t}$	2273	0.001	0	0.035	－0.313	1.831
$OCI_{i,t-1}$	2273	0.002	0	0.041	－0.313	1.831
$OCI_{i,t-2}$	2273	0.002	0	0.049	－0.313	1.831
$DERIV_{i,t}$	2273	0	0	0	－0.007	0.004
$AFS_{i,t}$	2273	0.001	0	0.031	－0.256	1.552
$FC_{i,t}$	2273	0	0	0.002	－0.029	0.034
$LIOC_{i,t}$	2273	0	0	0.004	－0.047	0.212
$NIADJ_{i,t}$	2273	0.042	0.037	0.079	－1.715	3.219
$NIADJ_{i,t-1}$	2273	0.044	0.038	0.082	－1.715	3.219
$NIADJ_{i,t-2}$	2273	0.041	0.041	0.093	－1.715	3.219
$OCIRECY_{i,t}$	2273	0.001	0	0.006	－0.174	0.004
$OCIUGL_{i,t}$	2273	0.002	0	0.037	－0.282	2.005

6.4.2　多元回归分析

1. 单变量检验

表 6 - 3 为综合收益预测能力的单变量检验，本书区分了金融业和非金融业，对于不同分组下的经营活动现金流以及净利润均通过了 t 检验和 Wilcoxon 检验，说明不同组别的变量平均值和中位数均存在显著差异，金融业的经营活动现金流和净利润两项变量在平减规模效应之后显著低于非金融行业。

表 6 - 3　　　　　　　　综合收益预测能力的单变量检验

变量	金融业		非金融业		t 检验	Wilcoxon 检验
	平均值	中位数	平均值	中位数		
$OP_{i,t+1}$	- 0.004	0.027	0.038	0.038	- 5.763 ***	- 5.422 ***
$Net_{i,t+1}$	0.023	0.017	0.043	0.035	- 7.777 ***	- 7.556 ***
观测值	89		2184			

注：*** 表示在 1% 的水平上显著。

2. 多元回归分析

（1）综合收益的预测能力检验。

表 6 - 4 为历史综合收益对未来净利润以及经营活动现金流预测能力的多元回归结果，具体分析如下：

表 6 - 4　　　　　　　　综合收益总额预测能力的多元回归结果

变量	因变量为净利润 $Net_{i,t+1}$			因变量为经营活动现金流 $OP_{i,t+1}$		
	全样本	金融行业	非金融行业	全样本	金融行业	非金融行业
$CI_{i,t}$	0.817 ***	0.780 ***	0.811 ***	0.304 ***	1.688 ***	0.314 ***
	(12.15)	(15.33)	(11.86)	(12.80)	(3.53)	(12.94)

续表

变量	因变量为净利润 $Net_{i,t+1}$			因变量为经营活动现金流 $OP_{i,t+1}$		
	全样本	金融行业	非金融行业	全样本	金融行业	非金融行业
$CI_{i,t-1}$	0.334 ***	0.064	0.338 ***	0.061 ***	0.033	0.067 ***
	(6.83)	(1.43)	(6.93)	(3.53)	(0.08)	(3.86)
$CI_{i,t-2}$	−0.030	0.001	−0.032	0.027 *	−0.025	0.047 ***
	(−0.77)	(0.16)	(−0.76)	(1.96)	(−0.69)	(3.12)
Constant	0.043	0.002 *	0.050 ***	0.031 **	0.030 **	0.030 ***
	(1.09)	(1.72)	(5.89)	(2.23)	(2.25)	(10.11)
Year Effects	Y	Y	Y	Y	Y	Y
Observations	2273	89	2184	2273	89	2184
R-squared	0.079	0.834	0.070	0.167	0.400	0.112

注: *** 表示在 1% 的水平上显著；** 表示在 5% 的水平上显著；* 表示在 10% 的水平上显著。括号内为相应的 t 值。

第一，对净利润的预测，从全样本和非金融行业的角度可以看出当期以及滞后一期综合收益的系数为正，且均在 1% 的水平上显著，而金融行业只有当期综合收益的系数为正，且在 1% 的水平上显著。对于滞后两期的综合收益与未来一期的净利润不具有显著的相关性，说明其预测能力较弱。此外，金融行业的综合收益预测能力明显低于非金融行业。

第二，对经营活动现金流的预测，从全样本的角度可以看出当期以及滞后一期综合收益的回归系数在 1% 的水平上显著为正，而滞后两期的综合收益系数在 10% 的水平上显著为正，上述结果与巴斯等学者（2001）的研究结论基本一致；对于金融行业只有当期综合收益系数在 1% 的水平上显著为正，而对于非金融行业无论是当期综合收益还是滞后一期、二期的综合收益系数均在 1% 的水平上显著为正，只是相关系数逐渐递减，该结果与现实相符合，即综合收益的预测能力随时间的延长而减弱。

对于综合收益预测能力，金融行业中当期综合收益的预测能力最为显著，其他历史滞后期的解释变量则不具有显著的预测能力；非金融行业中综合收益的预测能力最强，尤其是对经营活动现金流的预测，其历史滞后期的解释变量均具有显著的预测能力。

（2）净利润和其他综合收益的预测能力检验。

表 6-5 为净利润与其他综合收益预测能力的多元回归结果，具体如下。

表 6-5　　　　　净利润与其他综合收益预测能力的多元回归结果

变量	因变量为净利润 Net$_{i,t+1}$			因变量为经营活动现金流 OP$_{i,t+1}$		
	全样本	金融行业	非金融行业	全样本	金融行业	非金融行业
NI$_{i,t}$	0.835 ***	0.931 ***	0.828 ***	0.308 ***	1.516 **	0.324 ***
	(11.57)	(15.74)	(11.31)	(12.11)	(2.58)	(12.54)
NI$_{i,t-1}$	0.350 ***	-0.039	0.355 ***	0.066 ***	0.613	0.072 ***
	(6.81)	(-0.63)	(6.94)	(3.63)	(1.00)	(3.99)
NI$_{i,t-2}$	-0.029	0.025	-0.027	0.045 ***	-0.558	0.053 ***
	(-0.65)	(0.67)	(-0.60)	(2.85)	(-1.49)	(3.31)
OCI$_{i,t}$	0.271	0.780 ***	0.255	0.153 *	1.956	0.120
	(1.11)	(5.05)	(0.99)	(1.77)	(1.28)	(1.33)
OCI$_{i,t-1}$	0.313 *	0.413 ***	0.304 *	-0.028	1.880 *	-0.059
	(1.82)	(3.68)	(1.71)	(-0.46)	(1.69)	(-0.94)
OCI$_{i,t-2}$	0.036	0.002	0.087	-0.051 *	-0.038	-0.064
	(0.43)	(0.57)	(0.59)	(-1.71)	(-1.03)	(-1.23)
Constant	0.042	0.004 **	0.055 ***	0.029 **	0.029 **	0.029 ***
	(1.05)	(2.50)	(6.28)	(2.11)	(2.05)	(9.41)
Year Effects	Y	Y	Y	Y	Y	Y
Observations	2273	89	2184	2273	89	2184
R-squared	0.075	0.869	0.067	0.170	0.472	0.115

注：*** 表示在 1% 的水平上显著；** 表示在 5% 的水平上显著；* 表示在 10% 的水平上显著。括号内为相应的 t 值。

第一，对于净利润的预测，在全样本以及非金融行业的检验中当期以及滞后一期净利润回归系数在 1% 的水平上显著为正；在金融行业的检验中当期净利润在 1% 的水平上显著相关，其他历史滞后解释变量不具有显著的相关性，此外当期以及滞后一期其他综合收益系数在 1% 的水平上显著为正，说明在金融行业样本中其他综合收益对于未来净利润的预测能力高于净利润。

第二，对于经营活动现金流的预测，在全样本以及非金融行业的检验中滞后期净利润的系数均在1%的水平上显著为正，而对于金融行业只有当期净利润以及滞后一期其他综合收益系数分别在5%和10%的水平上显著为正。

从全样本以及非金融行业的角度可以看出净利润的预测能力显著大于其他综合收益，然而对于金融行业其他综合收益的预测能力强于净利润。

（3）将其他综合收益按来源划分具体项目的预测能力分析。

表6-6为其他综合收益具体项目预测能力的多元回归结果，具体分析如下。

表6-6　　其他综合收益按来源划分具体项目预测能力的多元回归结果

变量	因变量为净利润 $Net_{i,t+1}$			因变量为经营活动现金流 $OP_{i,t+1}$		
	全样本	金融行业	非金融行业	全样本	金融行业	非金融行业
$NI_{i,t}$	0.829 ***	0.814 ***	0.823 ***	0.307 ***	1.397 **	0.323 ***
	(11.50)	(10.90)	(11.25)	(12.11)	(1.99)	(12.52)
$NI_{i,t-1}$	0.349 ***	− 0.007	0.355 ***	0.066 ***	− 0.009	0.073 ***
	(6.78)	(− 0.08)	(6.93)	(3.66)	(− 0.01)	(4.02)
$NI_{i,t-2}$	− 0.029	0.032	− 0.027	0.045 ***	− 0.324	0.053 ***
	(− 0.66)	(0.85)	(− 0.61)	(2.86)	(− 0.91)	(3.31)
$DERIV_{i,t}$	2.938	121.655	3.240	− 8.160	991.771	− 8.202
	(0.16)	(0.33)	(0.17)	(− 1.25)	(0.29)	(− 1.23)
$AFS_{i,t}$	0.338	0.525 ***	0.301	0.241 **	1.976	0.231 **
	(1.25)	(2.97)	(1.09)	(2.53)	(1.19)	(2.38)
$FC_{i,t}$	− 1.258	2.361	− 1.728	− 1.371 **	− 8.152	− 1.535 **
	(− 0.67)	(1.11)	(− 0.90)	(− 2.06)	(− 0.41)	(− 2.28)
$LIOC_{i,t}$	− 1.102	1.389	− 1.204	0.516	− 6.073	0.540
	(− 0.70)	(1.38)	(− 0.75)	(0.93)	(− 0.64)	(0.96)
Constant	0.039	0.003 **	0.054 ***	0.029 **	0.026 *	0.028 ***
	(0.98)	(2.17)	(6.12)	(2.06)	(1.82)	(8.98)
Year Effects	Y	Y	Y	Y	Y	Y
Observations	2273	89	2184	2273	89	2184
R-squared	0.075	0.848	0.066	0.172	0.454	0.118

注：*** 表示在1%的水平上显著；** 表示在5%的水平上显著；* 表示在10%的水平上显著。括号内为相应的 t 值。

第一，对于净利润的预测，在全样本以及非金融行业样本中当期净利润以及滞后一期净利润回归系数在1%的水平上显著为正，但是其他综合收益的具体项目均不具有显著的预测能力；对于金融行业样本，当期净利润和可供出售金融资产公允价值变动损益（AFS）回归系数在1%的水平上显著为正，主要是由于金融行业中金融工具在资产比重较大且处置较为频繁，因此，可供出售金融资产公允价值变动损益体现了显著的预测能力。

第二，对经营活动现金流的预测，在全样本和非金融行业样本中可供出售金融资产公允价值变动以及外币报表折算差额在5%的水平上显著，而金融行业其他综合收益具体项目并不具有预测能力。本书对于外币报表折算差额的负向预测能力与路易斯（2003）的研究结论一致，路易斯（2003）对此的解释为外币报表折算差额反映出的负向预测能力主要是由于公司持有的外国货币贬值，进而外国劳动力成本下降，由此减少了企业未来的经营活动现金流支出，反之对于正向的外币报表折算差额则可能会增加企业未来的经营活动现金流支出。

对于净利润和经营活动现金流的预测方面在不同行业背景下的盈余项目存在显著差异，因此，在对未来盈余进行预测时应根据行业特征选择不同的盈余项目。

（4）将其他综合收益按照重分类情况划分具体项目的预测能力分析。

表6-7为其他综合收益按重分类划分具体项目预测能力的多元回归结果，对于净利润和经营活动现金流的预测，当期盈余的预测能力与其他综合收益按来源划分具体项目的预测能力的回归结果基本一致。此外，在预测未来净利润时当期重分类进损益的其他综合收益具有显著的相关性，而只有在金融行业当期已确认未实现的其他综合收益系数在1%的水平上显著为正；在预测未来经营活动现金流时，当期重分类进损益的其他综合收益在全样本以及非金融行业在1%的水平上显著相关，而在金融行业不具有显著的相关性。

表6-7　其他综合收益按重分类划分具体项目预测能力的多元回归结果

变量	因变量为净利润 $Net_{i,t+1}$			因变量为经营活动现金流 $OP_{i,t+1}$		
	全样本	金融行业	非金融行业	全样本	金融行业	非金融行业
$NIADJ_{i,t}$	0.829 ***	0.808 ***	0.823 ***	0.307 ***	1.571 ***	0.323 ***
	(11.51)	(17.38)	(11.25)	(12.16)	(3.13)	(12.59)

变量	因变量为净利润 $Net_{i,t+1}$			因变量为经营活动现金流 $OP_{i,t+1}$		
	全样本	金融行业	非金融行业	全样本	金融行业	非金融行业
$NIADJ_{i,t-1}$	0.349 ***	− 0.022	0.355 ***	0.060 ***	0.020	0.066 ***
	(6.78)	(− 0.52)	(6.93)	(3.35)	(0.04)	(3.70)
$NIADJ_{i,t-2}$	− 0.028	− 0.010	− 0.026	0.043 ***	− 0.067	0.050 ***
	(− 0.63)	(− 0.51)	(− 0.58)	(2.78)	(− 0.32)	(3.18)
$OCIRECY_{i,t}$	1.882 **	− 2.953 ***	1.813 **	1.292 ***	5.150	1.264 ***
	(2.53)	(− 5.83)	(2.40)	(4.96)	(0.94)	(4.77)
$OCIUGL_{i,t}$	0.146	0.534 ***	0.112	0.020	1.903	− 0.005
	(0.56)	(3.85)	(0.42)	(0.22)	(1.27)	(− 0.05)
Constant	0.041	0.004 ***	0.056 ***	0.033 **	0.021	0.030 ***
	(1.04)	(3.53)	(6.38)	(2.37)	(1.56)	(9.78)
Year Effects	Y	Y	Y	Y	Y	Y
Observations	2273	89	2184	2273	89	2184
R-squared	0.075	0.884	0.066	0.181	0.446	0.128

注：*** 表示在 1% 的水平上显著；** 表示在 5% 的水平上显著；* 表示在 10% 的水平上显著。括号内为相应的 t 值。

从上述研究可以看出披露其他综合收益具体项目可以向会计信息使用者提供增量的预测信息，当然对于不同的预测对象以及不同的行业，其他综合收益的具体项目在预测能力上存在显著差异。

6.5　稳健性检验

6.5.1　增加控制变量

在原回归模型的基础上增加了规模、负债比率以及上市总年数等控制变量，结果发现控制变量均具有显著相关性，同时自变量的实证检验结果与本书的实证结果一致，说明在不同的规模以及资本结构水平下综合收益及其具体的组成部分仍具有预测能力。

6.5.2　调整去规模化的方式

本书在原回归模型采用的是期末总资产去规模化效应，在稳健性测试中采用期末净资产、平均总资产、平均净资产、流通股、销售收入等变量，得到的结果与本书的结论一致，说明采用不同的去规模化方式并未影响综合收益及其组成部分的预测能力。

6.6　结论及启示

本章检验了滞后期综合收益及其组成部分对当期净利润、经营活动现金流的预测能力，得到如下结论：

（1）总体而言综合收益总额具有显著的预测能力，尤其在非金融行业表现更为显著且影响较为持久，本书选择的当期综合收益以及两个历史盈余滞后变量均具有显著的预测能力；对于金融行业当期综合收益显示出显著的预测能力，而两个历史盈余滞后变量则缺乏预测能力。

（2）对于其他综合收益在不同行业的盈利预测能力也存在显著差异，其中在金融行业当期以及滞后一期的其他综合收益均在 1% 的水平上与未来一期净利润显著相关，滞后一期的其他综合收益对经营活动现金流在 10% 的水平上显著相关，然而在非金融行业则不显著。

（3）对于净利润和经营活动现金流的预测方面在不同行业背景下的盈余项目存在显著差异，其中对于金融行业在预测未来盈余过程中可供出售金融资产公允价值变动具有显著的预测能力，而对于非金融行业在预测企业经营活动现金流时可供出售金融资产公允价值变动以及外币报表折算差额具有显著的预测能力。此外，在净利润的基础上增加披露的其他综合收益及其具体明细为预测未来盈利能力和未来现金流方面提供增量的会计信息。

（4）金融行业的拟合优度明显高于非金融行业，说明行业属性可能会影响到模型的整体拟合优度，即不同行业的盈余质量特征存在显著差异。

从上述结论得到如下启示：

（1）从预测能力的角度检验综合收益及其具体组成部分可以预测未来的业绩和经营活动现金流，对于会计信息使用者而言在评估企业价值时可以充分运用综合收益及其组成部分的会计信息。

（2）对于综合收益进行详细披露较综合收益总额更具预测价值，无论具体信息以报表的形式披露还是在报表附注中披露，其中净利润对未来的净利润和经营活动现金流显著正相关，而其他综合收益不同的组成项目与净利润和经营活动现金流呈现不同方向的相关关系，说明披露其他综合收益的具体项目对于会计信息使用者而言提供了增量信息。从准则制定者的角度披露综合收益的具体信息能够提高会计信息的决策有用性和透明度。

（3）从不同行业来看综合收益及其组成部分的预测能力存在显著差异，因此在进行盈利预测过程中应充分考虑行业特征，选择盈余的不同组成部分进行盈利预测，有效提高盈利预测的准确度。

第 7 章
综合收益的价值相关性研究

在 SFAS130 颁布之前,是否披露综合收益信息在美国广受争议,虽然早在 1985 年(SFAC6)概念框架中就提出了综合收益的概念,但是是否采用会计准则的方式强制企业披露综合收益信息还是成为当时讨论的焦点。其中反对者认为综合收益由于暂时性的特征无法用来预测未来现金流,进而无法作为定价的要素,其次他们认为披露综合收益会增加报告收益的噪音,增加预测未来收益的难度。而赞同者则认为综合收益能够反映与价值创造相关的全部因素,并且向信息使用者准确的传递了价值创造和价值分配的信息,其次披露综合收益信息可以为高管和分析师提供增量信息,建立以综合收益为基础的业绩评价体系可以帮助高管在进行决策时考虑可能影响企业价值的全部因素,减少盈余管理的机会,此外披露综合收益可以帮助证券分析师考虑与盈利预测相关的所有相关信息,避免忽视非主营业务信息,提高盈利预测的准确度。

虽然现在从准则角度赞同披露综合收益和其他综合收益信息,但是对于具有暂时性特征的其他综合收益是否被会计信息使用者接受并运用到定价中,即是否具有价值相关性需要运用企业披露综合收益之后的会计信息作进一步验证。由于我国披露综合收益信息的时间较短,且期间一直处于修订和完善过程中,因此,本章主要探讨和解决如下问题:

(1)在中国综合收益是否具有价值相关性。

（2）将综合收益分为净利润和其他综合收益两部分，检验相对于净利润，综合收益是否具有价值相关性。

（3）进一步将其他综合收益区分为可供出售金融资产公允价值变动等几个部分，检验其他综合收益各组成部分的价值相关性。

（4）将其他综合收益分成当期已确认未实现的其他综合收益和当期重分类进损益的其他综合收益，检验这两部分的价值相关性。

（5）由于2014年之后综合收益信息在利润表中列示，因此，以2014年作为分界点检验会计准则修订前后会计信息在所有者权益变动表和利润表中披露的效果，基于本书时效性，增加了2015年年报披露的样本，分别对2009～2013年以及2014～2015年度呈报位置不同对综合收益价值相关性的影响进行实证检验。

7.1　综合收益价值相关性文献评述

根据清洁盈余（clean-surplus）理论，当所有关于价值创造的综合收益信息得到披露时，资本市场上企业股权才能被准确定价。综合收益信息有效识别并衡量了所有企业创造的价值活动，将价值创造活动和业主投资、分配活动区别开来，因而从理论上讲综合收益信息比净收益信息更具有价值相关性。然而，已有文献的研究结论并不一致。达利瓦等学者（1999）关于综合收益是否比净利润更能解释当期股票的回报和价格以及更好地预测未来现金流量和净利润的研究，由于研究样本早于FASB颁布的SFAS130号准则，因此作者使用已披露的财务信息自行构建综合收益数据（as-if reported），发现净利润在预测股票市场价值以及解释未来现金流和收入方面优于综合收益。卡恩等学者（2000）以新西兰公司为研究对象，对两个问题进行了实证研究，即：（1）根据新西兰会计准则第2号（以下简称FRS 2），企业列示其他综合收益是否提高了会计信息的价值相关性；（2）比较不同报表列示其他综合收益信息对会计信息价值相关性的影响程度。研究表明，综合收益较净收益更具有价值相关性，这种价值相关性在综合收益表中列示其他综合收益最为显著，其次为利润表，而在所有者权益变动表中列示其他综合收益会计信息价值相关性的显著性更弱，说明在所有者权益变动表中列示其他综合收益会计信息并未对投资者提供有用的额外信息。之后巴顿等学者（2010）以及普若比斯和扎克（2010）做了类似的研究，并得到了与达利瓦等学者（1999）一样的结论。巴顿等学者（2010）发现收益的度量主要源于财务报告中的经营收入、息税前利润、折旧以及摊销等，而与综合收益以及未来损益表关联较小。由于其他综合收益项目在持续性上弱于主营业务项目，因此，采用这些项目难以准确预测未来的收入。利佩（1986）、柯林斯等学者（1989）、拉马克里希南和托马斯（1998）、刘和托马斯（2000）也证实了当期收益由持续性收益组成时公司利润与公司价值关联性增强。

当然财务报告的使用者在进行决策时常使用综合收益中的某项或者某几项信息，因此更为常见的研究是将其他综合收益的各项组成与净利润进行比对。在当前美国公允的会计准则，对其他综合收益常见的分类是：（1）可供出售金融资产公允价值变动所导致的未实现利得或损失；（2）外币报表折算差额；（3）现金流量套期工具产生的利得或损失中属于有效套期部分所引起的未实现（持有）利得或损失；（4）未包含在净收益中的退休后福利资金状况的变动。

苏等学者（1994）发现在权益中报告外币折算损益对估值的影响小于其他收益的组成部分。巴顿（1997）同样发现外币折算损益确认的暂时性缺乏价值相关性。路易斯（2003）认为负向的外币报表折算差额主要是因为外国货币的贬值，由此带来外国劳动力成本的下降，基于上述的考虑提出正向的外币报表折算差额会对公司价值产生负面的影响，路易斯（2003）得到了与之前的研究相反的结论，这主要是源于他采用了新的方法和样本（仅针对制造业）。巴斯等学者（1996）以银行为研究样本检验 107 号公告颁布后公允价值的价值相关性，得到的结论是在控制了账面价值之后证券以及长短期借款的公允价值披露增强了银行股价的相关性。而上述公允价值计量导致的利得和损失随后作为其他综合收益的一部分予以确认。达利瓦等学者（1999）检验了其他综合收益的三个组成部分，即有价证券的利得或损失、外币折算差额以及未包含在净收益中的退休后福利资金状况的变动，作者发现只有在金融服务业持有的有价证券的利得或损失具有价值相关性。欧汉隆和波普（1999）选择了基于英国 GAAP 的英国公司为样本，其与美国的区别是允许更多的事项列入当期损益，主要检验其他综合收益中的特殊事项、商誉的减值、外币折算差额以及重新估值，作者发现只有预测多年收益下特殊事项具有价值相关性，其他项目均不具有价值相关性。我们可以看到巴斯等学者（1996）和路易斯（2003）发现有价证券的利得或损失以及外币折算差额具有很强的价值相关性，然而他们的数据限于某个行业缺乏普遍性，此外数据的选取主要是基于 SFAS130 号准则之前的自行构建综合收益数据（as-if reported）。

之后的研究主要是基于在 SFAS130 号准则颁布之后的样本数据，钱伯斯等学者（2007）发现自行构建综合收益数据（as-if reported）下的其他综合收益在 130 号准则前后均不具有价值相关性，而 130 号准则之后真实报告的综合收益各组成部分与股价正相关，且有价证券的利得或损失以及外币折算差额最为显著。马蒂厄等学者（2009）选择在美国上市的加拿大公司为样本，得出的结论是在 130 号准则颁布之后其他综合收益具有价值相关性，其中有价证券的利得和损失关系最为显著，此外作者首次对现金流套期保值的利得和损失进行了检验，得出的结论是现金流套期保值的利得和损失与股票回报负相关。作者为该负向相关性提出检验假设为套期保值损失传递了企业风控管理有效的积极信号，但该假设检验结果并不显著。坎贝尔（2010）同样发现现金流套期保值的利得和损失与未来收益的负相关性，并将这种关系解释为套期保值当期的有效性会抵消潜在的价格变动的效果，而这种价格变动会影响到企业的生产经营，许多企业并不希望将受到同样价格变动影响的未来交易全部采用套期保值，因此导致了利润总额的下降。综上可以看出，综合收益的各组成项目在进行价值相关性检验时得出的结论差别很大，在对股票回报或价格进行解释时综合收益的各组成项目的作用是需要进行选择和区分的。

相对于国外对综合收益的理论研究，我国在研究综合收益方面起步较晚，由于会计准则作为综合收益会计信息的主要推动力，我国对综合收益的研究主要包含以下四个阶段：第一个阶段是 2007 年企业会计准则颁布之前，当时由于国内的上市公司并未要求披露与综合收益相关的会计信息，因此这一阶段对综合收益的研究主要采用的是规范研究的方法，缺乏经验证据支持；第二阶段为 2007～2009 年，综合收益主要以直接计入所有者权益的利得或损失的形式在财务报告中予以披露，虽然在会计准则中并未直接提出综合收益和其他综合收益的概念，但是相关的会计研究基于直接计入所有者权益的利得或损失展开研究；第三阶段为 2009～2014 年，这一阶段的特点是综合收益和其他综合收益在所有者权益变动表中列示，为会计研究提供了更为直观的经验数据；第四阶段为 2014 年至今，综合收益及其组成部分在利润表中列示，该项会计准则的修订强化了综合收益作为收益的性质，在一定程度上提高了会计信息的透明度，同时为相关的会计研究提供了更加丰富的研究数据和视角。

葛家澍教授于 1999 年在《损益表（收益表）的扩展——关于第四财务报表》中阐述了英国 ASB、美国 FASB 以及 IASB 对财务业绩报告的改进，本书指出不同的会计准则制定机构对综合收益会计信息披露总体的思路和方向基本一致，然而在具体的准则制定细则和执行方面存在差异，差异产生的原因主要在于缺乏统一的财务会计框架体系。

程春晖于 2000 年以《综合收益会计研究》作为博士论文对综合收益展开了深入的研究。他指出传统财务报告的改进方向是采用综合收益观的思想，加强对综合收益会计信息的披露，并提出关于综合收益的确认和计量的理论意义和指导意见。

党红（2003）从经济学的角度对综合收益进行了细致的理论分析，指出综合收益符合经济学收益理论，但是由于现实经济环境和会计计量技术的限制导致综合收益在当时还无法被中国的上市公司全面实施。作者还指出如果仅仅是提出单一的综合收益表而未建立相应的目标，那么会降低综合收益表和经济收益理论的契合度，影响综合收益信息披露的效率和效果。

除对综合收益进行系统的理论分析外，我国学者对综合收益陆续展开了实证研究。陈信元、陈冬华和朱红军（2002）采用奥尔森剩余收益定价模型检验了上交所 1995～1997 年剩余收益、收益和净资产三个变量的价值相关性，其中剩余收益的估计数据主要是通过 CAPM 计算的 β 系数，结果表明剩余收益、会计收益和净资产均具有显著正向的价值相关性，从市场反映来看，市场对剩余收益的定价乘数低于会计收益。此外，作者对包含会计收益和净资产的模型以及在该模型的基础上增加了剩余收益、规模和流通股比例之后发现，增加了会计信息的模型对净资产的定价乘数有所提高，说明在模型中应增加剩余收益的会计信息。

王鑫（2013）采用 2009~2011 年非金融类上市公司信息披露的综合收益为研究样本研究综合收益及其组成部分的价值相关性，结果表明与净利润相比综合收益具有更高的价值相关性，该结论适用于价格模型和收益模型；从其他综合收益具体项目来看可供出售金融资产公允价值变动分别与股票价格和股票收益率显著相关，被投资单位其他综合收益所享有的份额和外币报表折算差额与股票收益率显著相关。

目前，我国理论界关于综合收益价值相关性的研究较多，但是得到的结论并不统一。此外由于 2014 年会计准则修订之后关于综合收益的信息披露作出了重大的变更，因此，之前的研究多集中于基于所有者权益变动表中的会计数据价值相关性研究，对于 2014 年之后综合收益在利润表中列示的价值相关性还有待进行深入研究。

7.2　理论分析和研究假设

对于综合收益价值相关性的研究，学者们多采用价格模型和收益模型来进行检验，采用不同模型得出的结论也存在差异。在采用价格模型的研究中，达利瓦等学者（1999）指出净利润对于股票价格的解释力度要高于综合收益。卡恩等学者（2000）以 1992~1997 年新西兰公司为研究样本，该国自 1995 年颁布的会计政策规定其他综合收益在所有者权益变动表中进行披露，本书得出的结论是金融资产公允价值变动与股票价格显著相关，而外币报表折算差额未发现相关性。马蒂厄等学者（2009）发现可供出售金融资产公允价值变动以及现金流套期保值与股票价值显著相关。作者进一步发现现金流套期保值未实现损失部分与股票价格呈负相关关系，而现金流套期保值未实现收益部分与股票价格呈正相关关系。此外，作者发现 Vuong 检验模型可以用来证明综合收益较净利润更具有价值相关性。贡恰罗夫和霍奇森（2011）发现其他综合收益与综合收益的价值相关性弱于净利润，在控制了净利润之后其他综合收益的各项组成部分均不具有价值相关性。此外作者考虑了分析师的影响因素，发现其他综合收益以及综合收益与分析师预测具有价值相关性。此外作者发现重估价盈余（revaluation reserves）和外币报表折算差额与分析师预测显著相关，而可供出售金融资产公允价值变动未发现相关性。兰兹曼等学者（2011）检验证明其他综合收益不具有价值相关性，而真正的不洁盈余（really dirty surplus）由于完全运用市场公允价值度量而具有价值相关性，该结论表明真正的不洁盈余较其他综合收益在投资者定价中提供了更加充分的信息。从上述文献综述可以看出，各学者采用价格模型对综合收益以及其他综合收益的价值相关性检验得到的结论并不一致。

另外一种检验综合收益信息有用性的方法是采用收益模型将综合收益、其他综合收益和股票回报关联起来进行判断。最早展开此类研究的是郑等学者（1993）以 1972 ~ 1989 年的公司为研究样本，发现在解释超额收益方面综合收益优于经营收入和净利润。艾哈迈德和武田（1995）以银行为研究样本，证实无论是已实现还是未实现证券投资的利得和损失均与股票收益呈正相关关系。达利瓦等学者（1999）采用 Vuong 测试模型得到了与之前相同的研究结论，作者又进一步对其他综合收益各组成部分展开研究，结论显示净利润和可供出售金融资产未实现部分公允价值变动损益与股票回报的相关性强于净利润和其他隶属于其他综合收益项目，并且上述发现只有在金融类企业显著相关，在非金融行业并不具有相关性。从作者的研究可以看出对于综合收益信息有用性的研究应区分不同行业分别展开，并且综合收益的不同项目在价值相关性的作用存在差异，应分别进行检验论证。比德尔和崔（2006）拓展了研究样本，研究发现 1994 ~ 1998 年公司在解释股票收益时综合收益较净利润等更具相关性。在美国 SFAS130 发布之前关于综合收益以及其他综合收益的研究均为研究人员自行估算的数据，这些数据主观性较强缺乏可靠性，因此 SFAS130 发布之后很多学者可以采用企业实际公布的财务数据做相关研究。这其中最有代表性和影响力的是钱伯斯等学者（2007）的研究，作者选择 1994 ~ 2003 年 S&P500 公司为研究样本，通过收益模型检验综合收益和其他综合收益的价值相关性，本书的创新之处在于作者将 SFAS130 颁布之后的综合收益信息披露数据与颁布之前作者估测的数据做对比，指出之前采用估测数据存在计量误差并影响研究结论，作者还发现可供出售金融资产未实现损益比净利润更具有价值相关性，说明投资者看重可供出售金融资产未实现利得带来的信息，且该信息具有持续性的特征。上述研究结论基本证实了综合收益具有价值相关性，然而一些学者得出了相反的结论。琼斯和斯密（2011）发现与其他综合收益相比，已确认的非经常性损益项目（special items）更具有价值相关性。贡恰罗夫和霍奇森（2011）研究发现综合收益和其他综合收益的价值相关性程度弱于净利润，其中可供出售金融资产未实现公允价值变动损益具有价值相关性，而外币报表折算差额和重估价盈余（revaluation reserves）不具有价值相关性。在价格相关性的研究中作者得到的是相反的结论，意味着不同模型对于研究结论的影响较大，因此，为了结论的稳健性有必要采用不同的模型进行检验。此外基于分析师预测和收益模型导致的价值相关性结论存在较大差异，意味着分析师预测与企业主体对综合收益以及其他综合收益信息的反馈不一致，企业主体看重可供出售金融资产未实现公允价值变动损益，而分析师预测则受到外币报表折算差额和重估价盈余的影响更大。

上述研究主要基于美国公司，一些学者对美国之外的国家实施综合收益的情况作了研究。欧汉隆和波普（1999）以 1972～1992 年英国公司为研究对象未获得其他综合收益与股票回报相关的证据。马蒂厄等学者（2009）以加拿大公司作为研究对象发现可供出售金融资产未实现损益和现金流套期保值与股票回报显著相关，其中未实现损失与股票回报负相关。此外，马蒂厄等学者（2009）进一步证实了达利瓦等学者（1999）的研究，即运用 Vuong 模型将净利润包含可供出售金融资产未实现损益，通过实证研究得出该模型的拟合优度最高，这种情况下综合收益对股票回报的解释力度最大。巴顿等学者（2010）将研究样本进一步拓展到 46 个国家，基于不同国家层级的收益模型检验八项业绩评价指标的价值相关性，研究发现只有卢森堡和秘鲁这两个国家显示综合收益在八项业绩评价指标中最具有价值相关性，作者认为大陆法系国家综合收益具有价值相关性，但无论是大陆法系还是普通法系国家综合收益相对于其他七项业绩评价指标均不具有增量价值相关性。巴顿等学者（2010）为综合收益研究提供了国际的视野，并将国际间的差异归因于不同法系的影响，虽然在文章中作者并没有明确指出采用的数据是企业真实的财务报告还是作者的估计，但是作者仍然提供了一个很好的研究思路，尤其对于采用大陆法系的中国，可以通过检验综合收益的价值相关性来进一步证实作者的观点。

通过上述研究文献可以看出基于不同的样本、不同时期以及不同模型得到的结论并不一致，然而随着 SFAS130 信息的颁布规范企业综合收益的信息披露，基于已报告的综合收益信息得到的结论较基于学者估测的综合收益得到的结论更为稳健，且金融企业综合收益价值相关性更强。

研究表明，在财务报告中使用多种计量方法可以提高报告的决策有用性。从实证的角度看，在盈利公告公布日前后报告净收益似乎无法解释证券价格波动的全部原因，因此以历史成本作为计量基础的财务报告的信息有用性被人们所质疑，尤其在非完全有效市场的情况下，会计信息使用者在进行决策过程中运用以历史成本为基础的财务报告难以实现有效的预测和评价，投资者需要企业提供更多与企业未来盈利相关的会计信息。公允价值计量模式和资产负债观的应用，在一定程度上提高了会计盈余的决策相关性，但目前的会计准则并未将所有价值的变动均作为损益确认为会计收益，这有可能削弱净收益的决策相关性。

费尔特姆和奥尔森（1995）采用股东权益的账面价值和会计盈余解释股票价格，同时提出了清洁盈余理论（Clean-surplus theory），为根据资产负债表和收益表数据来评价一个企业的市场价值提供了数学模型。

文中指出在理想状态下，某个企业的价值可用下列公式表示：

$$PA_t = bv_t + g_t$$

其中，PA_t 表示企业在 t 时的价值；

bv_t 表示企业在 t 时资产负债表中净资产的价值；

g_t 表示预期的未来非常盈利的现值。

该等式成立的必要条件是所有利得和损失都必须在收益表中反映。此外，该模型的前提是企业账面价值只有收益改变，且清洁盈余理论直接导向现行价值计量。考察公式 $PA_t = bv_t + g_t$，再考虑盈利的持续性，可以得到以下结论：

（1）费尔萨和奥尔森的企业价值计价模型是以资产负债表与收益表的清洁盈余关系为前提的，即企业的账面价值只能由于收益或者净红利而改变，可见综合收益比传统收益更符合该理论的要求。

（2）清洁盈余理论直接导向现行价值或公允价值的计量。根据这一理论，会计人员应当尽可能真实和准确地计量资产和负债的账面价值 bv_t，以减少市场通过其他途径来评价非常盈利 g_t 所需花费的代价。

（3）在不确定的现实经济中，如果提供综合收益表，有关企业价值的信息就不只是通过资产负债表来传输，综合收益表也可以提供当前期间非常盈利持续到未来期间的信息。

（4）不同收益组成项目对于使用者估计企业价值具有不同的重要性，收益持续性越高，对于评价企业价值的作用就越大，反之则越小。因此，对信息使用者决策最有用的收益分类方式，不是按照实现标准划分，而是按照持续性标准划分。按照持续性标准划分，尤其需要区分报告两类收益——即由于经营活动产生的经营收益与由于物价变动所产生的持有损益。

此外，目前其他综合收益信息披露包含了两部分内容，一部分是涵盖以后年度可重分类进损益的其他综合收益以及不可重分类进损益的其他综合收益，其中有必要对各个组成部分的价值相关性做进一步探讨和研究；另一部分是从性质上包括当期已确认未实现的其他综合收益和已重分类调整至当期损益的其他综合收益，在检验综合收益价值相关性时应当考虑重分类调整的影响（班伯等学者，2010），董和张（2014）检验了可供出售金融资产公允价值变动损益重分类调整的价值相关性，得到的结论是可供出售金融资产公允价值变动损益与重分类调整部分均具有价值相关性。但是该文献仅针对可供出售金融资产公允价值变动损益，而没有考虑其他综合收益的其他组成部分当期已确认未实现部分和当期重分类进损益部分的影响，因此本书对其他综合收益从两个方面检验其价值相关性：一个方面是从当期已确认未实现的其他综合收益以及当期重分类调整至损益的其他综合收益，之所以做以区分是从管理层操纵的角度出发综合收益当期已确认未实现部分的确定一般采用公允价值，难以被管理层操控，而当期重分类调整至损益则与企业的经营决策相关，且易被管理层操控；另一方面是检验其他综合收益各个组成部分的价值相关性。

基于上述分析，本书提出以下假设：

假设 7-1：综合收益及其构成具有价值相关性；

假设 7 - 2：其他综合收益按照来源划分的具体项目具有价值相关性；

假设 7 - 3：其他综合收益划分成当期已确认未实现部分的其他综合收益以及当期重分类进损益部分的信息具有价值相关性。

在完全有效市场，其他综合收益如何列报不会影响投资者的决策。然而现实中人们对其他综合收益价值相关性的讨论延伸到了其他综合收益列报的影响。赫斯特和霍普金斯（1998）根据心理学理论指出列报的重要性可能会影响到资本市场对信息的解读，作者得出的结论是相对于股东权益变动表在利润表下列式综合收益及其构成能够增强关于公司价值以及盈余管理的决策有用性信息。梅因斯和麦克丹尼尔（2000）比较了其他综合收益的三种披露方式，分别是 FAS130 号准则之前在附注中披露、股东权益变动表以及综合收益表，得出的结论依然是只有在综合收益表中列式的其他综合收益能够体现公司管理层经营业绩的好坏。卡恩等学者（2000）采用新西兰公司为研究样本检验其他综合收益列报的效果，根据 FRS 3 新西兰相关会计准则制定机构要求上市公司在 1995 年之后在股东权益变动表中列示综合收益，然而作者并未发现 FRS3 实施前后综合收益信息披露对于投资者投资决策产生影响。钱伯斯等学者（2007）指出采用 FAS130 准则前自行构建综合收益数据（as-if reported）不具有价值相关性，而 FAS130 号准则之后真实报告的综合收益信息各组成部分与股价呈正相关关系，披露综合收益的信息有益于投资者作出投资决策，此外与之前的实验研究得到的结论不一致的是钱伯斯等学者（2007）认为只有在股东权益变动表中列示的其他综合收益才具有价值相关性，作者对此解释为公司只有将其他综合收益列式在重要的位置时投资者才会更为看重这些信息。从上述研究可以看出一方面综合收益的列报会影响投资者的决策信息，另一方面对于综合收益列报的位置并没有得到一致的结论。

由于我国于 2014 年修订 CAS30 号会计准则，其中最大的变化之一为将综合收益会计信息在利润表中列示，这一规定体现出会计准则机构肯定了综合收益作为收益的性质，从另一方面也意味着我国之前对于综合收益价值相关性的研究主要是运用在所有者权益变动表中的会计数据，而缺乏在利润表中披露的数据，因此，综合收益在不同报表列示下的价值相关性研究在我国还存在空白。从理论界和实务界来看财务报表中会计信息使用者对利润表的重视程度普遍高于所有者权益变动表，综合收益在利润表中列示可以帮助会计信息使用者获取相关的会计信息，据此本书提出以下假设：

假设 7 - 4：相对于所有者权益变动表，在利润表中列示综合收益及其组成部分加强了价值相关性。

7.3 研究设计和样本选择

7.3.1 样本的选择

由于财政部在 2009 年 6 月印发的《企业会计准则解释第 3 号》中首次规定在利润表每股收益项下增列其他综合收益项目和综合收益总额项目，因此本书以实际发生的综合收益数据为标准，选择 2009 ~ 2014 年度中国境内沪市和深市主板 A 股上市公司（也包括同时在 A 股和 B 股上市的公司，但不包括 B 股上市公司）作为样本，并剔除 ST、＊ST、SST 公司以及数据不全的样本。

财务报表项目及收益率等数据取自 CSMAR 数据库，同时手工收集 2009 ~ 2014 年度沪深两市全部 A 股上市公司报表附注中所披露的其他综合收益具体项目数据。为避免异常值的影响，对价格模型中的每股股价、每股净资产和每股净利润上下 1% 分位数范围内的数值进行 winsorize（缩尾）处理。同时收集了 2009 ~ 2014 年个股每年年报披露日收盘价格，2009 年 5 月 ~ 2015 年 4 月个股月度回报率，2009 ~ 2014 年度净利润、其他综合收益、综合收益、发行在外加权平均普通股股数、每股总资产和每股净资产等指标，剔除 ST 公司、缺失数据和极端值，最后按照价格模型进行实证检验得到 6401 个观测值，采用收益模型进行实证检验得到 5871 个观测值。

7.3.2 研究设计

霍尔特豪森和沃茨（2001）指出现在价值相关性文献通常包括三类，即相对关联研究、增量关联研究和边际价值相关性研究。

（1）相对关联研究（relative association studies），通常用于比较不同的会计盈余数据与股票报酬或价格之间相关性的差异。基于收益模型或价格模型，比较模型 R^2 的差异，其中 R^2 越大则价值相关性越高。

（2）增量关联研究（incremental association studies），主要是关注会计盈余数据的回归系数，在控制其他特定变量的前提下，有关会计数据是否能够为解释公司价值或长窗口回报提供帮助，如果该回归系数显著异于零，则说明该项会计盈余具有价值相关性。例如，通过用各种资产负债表的表内项目和表外项目与权益的市场价值进行回归，文卡塔查拉姆（1996）考察了用于风险管理的衍生金融工具公允价值的增量联系问题。

（3）边际信息含量研究（marginal information content studies）考察一项特定的会计数据是否能够增加投资者可获得的信息集。这些研究通常采用事件研究方法（短窗口的回报率研究）以确定一项会计数据的公布（在控制其他信息公布的条件下）是否与公司的价值变化之间存在联系。价格反应通常被认为是价值相关性的证据。例如，用基于外国会计准则的盈余和基于美国会计准则的盈余之间的差异及其差异变化与 5 天非正常回报进行回归，埃米尔等学者（1993）检验了 20 – F 表（该表同时报告了外国公司基于外国会计准则和美国会计准则的盈余数据）的边际信息含量。

根据已有文献，对于综合收益价值相关性的研究主要采用相对关联研究和增量关联研究。对于收益模型和价格模型的选择问题，科塔里和齐默尔曼（1995）等人的研究发现，价格模型和收益模型各有利弊，价格模型易产生异方差问题，而收益模型中会计收益的解释能力通常较弱，因此，建议在模型设计上考虑同时采用两种模型进行检验。因此，本书借鉴前人的研究成果，分别采用价格模型和收益模型进行价值相关性的研究。

1. 价格模型的建立

奥尔森（1989a）通过将净资产账面价值估价模型与会计盈余股价模型两者结合起来，提出了价格模型，该模型提出了一种新的估价关系，即股票价格是净资产账面价值和会计盈余的加权函数，既能够反映资产负债表中资产与负债对股票价格的解释能力，也能够反映收益对股票价格的解释能力。科塔里和齐默尔曼（1995）认为，价格模型能够被更好的识别，价格模型相对于收益模型的估计斜率和盈余反应系数的偏误较小，尤其是横截面价格模型中的资本成本估计的时间序列更加接近于长期利率加风险溢价。巴斯等学者（2001）也认为价值相关性研究主要关注横截面上会计数据解释股票价格能力的差异，包括资产负债表和利润表数据的奥尔森价格模型验证的价值相关性似乎更加稳健。

综合收益提供的企业剩余收益的信息如果高于净利润，则其差额部分的其他综合收益具有增量的价值，且在信息披露中其他综合收益又被划分成具体的项目，不同的项目被管理层盈余管理程度存在差异，因此，本书在奥尔森（1995）模型的基础上考虑其他综合收益的影响，进一步形成了以下四个价格模型并进行比较，具体模型说明如下：

价格模型 7-1 主要检验每股综合收益、每股净资产与股价的相关性；价格模型 7-2 将每股综合收益分解成每股净收益和每股其他综合收益，以考察每股其他综合收益的相关性；价格模型 7-3 将每股其他综合收益进一步分解为四个子项目以观察各个项目与股价的相关性；价格模型 7-4 将其他综合收益区分为当期已确认未实现部分的其他综合收益和当期重分类调整至损益部分的其他综合收益两部分，检验与股价的相关性，由于当期重分类调整至损益部分的其他综合收益与净利润部分数据有重复，因此在价格模型 7-4 的设计中将解释变量每股净利润扣除了其他综合收益当期重分类至净利润的数额，减少变量间的共线性问题。除了被解释变量 P 外，其余变量用发行在外普通股股数予以标准化。价格模型建立如下：

$$P_{it} = \alpha_0 + \alpha_1 BVE\_S_{it} + \alpha_2 CI\_S_{it} + Controls_{it} + \varepsilon_{it} \qquad (7-1)$$

$$P_{it} = \alpha_0 + \alpha_1 BVE\_S_{it} + \alpha_2 NI\_S_{it} + \alpha_3 OCI_{it}\_S_{it} + Controls_{it} + \varepsilon_{it} \qquad (7-2)$$

$$P_{it} = \alpha_0 + \alpha_1 BVE\_S_{it} + \alpha_2 NI\_S_{it} + \alpha_3 AFS\_S_{it} + \alpha_4 FC\_S_{it}$$
$$+ \alpha_5 DERIV\_S_{it} + \alpha_6 LIOC\_S_{it} + Controls_{it} + \varepsilon_{it} \qquad (7-3)$$

$$P_{it} = \alpha_0 + \alpha_1 BVE\_S_{it} + \alpha_2 NIADJ\_S_{it} + \alpha_3 OCIUGL\_S_{it}$$
$$+ \alpha_4 OCIRECY\_S_{it} + controls_{it} + \varepsilon_{it} \qquad (7-4)$$

2. 收益模型的建立

对于综合收益价值相关性常采用的另一个模型是收益模型，即用来检验的是综合收益和股票收益率之间的相关程度。本书参考达利瓦等学者（1999）和比德尔和崔（2006），设计了检验综合收益和股票收益率的相关性的收益模型，其中收益模型 7 - 5 检验的是每股综合收益与股票收益率之间的相关性；收益模型 7 - 6 将每股综合收益分解为每股收益和每股其他综合收益，与股票收益率进行回归；收益模型 7 - 7 将其他综合收益区分为当期已确认未实现部分的其他综合收益和当期重分类调整至损益部分的其他综合收益两部分，检验与股票收益率的相关性，由于当期重分类调整至损益部分的其他综合收益与净利润部分数据有重复，因此，在收益模型 7 - 8 的设计中将解释变量每股净利润扣除了其他综合收益当期重分类至净利润的数额，减少变量间的共线性问题。

收益模型具体如下：

$$\dot{R}_{it} = \alpha_0 + \alpha_1 CI\_S_{it}/P_{it-1} + controls_{it} + \varepsilon_{it} \qquad (7-5)$$

$$R_{it} = \alpha_0 + \alpha_1 NI\_S_{it}/P_{it-1} + \alpha_2 OCI\_S_{it}/P_{it-1} + controls_{it} + \varepsilon_{it} \qquad (7-6)$$

$$R_{it} = \alpha_0 + \alpha_1 NI\_S_{it}/P_{it-1} + \alpha_2 AFS\_S_{it}/P_{it-1} + \alpha_3 FC\_S_{it}/P_{it-1}$$
$$+ \alpha_4 DERIV\_S_{it}/P_{it-1} + \alpha_5 LIOC\_S_{it}/P_{it-1} + controls_{it} + \varepsilon_{it} \quad (7-7)$$

$$R_{it} = \alpha_0 + \alpha_1 NIADJ\_S_{it}/P_{it-1} + \alpha_2 OCIUGL\_S_{it}/P_{it-1}$$
$$+ \alpha_3 OCIRECY\_S_{it}/P_{it-1} + controls_{it} + \varepsilon_{it} \qquad (7-8)$$

其中，R_{it} 表示报告期的年度股票收益率，根据月度收益率计算得到数据。任一家公司的年度股票收益率可以通过月度收益率数据进行计算：

$$R_{it} = \prod_{i=1}^{12} (1 + r_i) - 1$$

其中，$r_i (i = 1, 2, \cdots, 12)$ 表示一年期间内第 i 个月的月度股票收益率。本书假设市场和投资者可以充分理解和运用年度报告会计信息，因此，采用会计年度自 5 月 1 日至披露财务报告年度的 4 月 30 日作为一年的计算期间确定年度收益率。

上述模型用来检验假设 7 - 1、假设 7 - 2 和假设 7 - 3，对于假设 7 - 4 主要是考虑综合收益会计信息于 2009 ~ 2013 年度以及 2014 ~ 2015 年度分别在所有者权益变动表和利润表中披露体现的价值相关性进行对比，基本模型与上述模型一致，区别在于在样本的选择和研究的方法存在差异。

7.3.3 变量的解释及说明

1. 价格模型变量解释及说明

表 7 - 1　　　　　　　　　　　价格模型变量解释及说明

变量性质	变量代码	变量名称及说明	对应模型
因变量	P_{it}	上市公司第 t 年年报披露当日的股票价格	价格模型 1 至价格模型 4
自变量	NI_S_{it}	第 t 年每股净利润	价格模型 2、价格模型 3
	$NIADJ\_S_{it}$	第 t 年每股净利润扣除当期重分类进损益的其他综合收益	价格模型 4
	CI_S_{it}	第 t 年每股综合收益	价格模型 1
	OCI_S_{it}	第 t 年每股其他综合收益	价格模型 2
	BVE_S_{it}	第 t 年年末每股账面净资产	价格模型 1 至价格模型 4
	AFS_S_{it}	第 t 年年末每股可供出售金融资产公允价值变动损益	价格模型 3
	FC_S_{it}	第 t 年年末每股外币报表折算差额	价格模型 3
	$DERIV\_S_{it}$	第 t 年年末每股现金流套期保值工具产生的得得或损失中属于有效套期部分	价格模型 3
	$LIOC\_S_{it}$	第 t 年年末每股按权益法核算被投资单位其他综合收益中所享有的份额	价格模型 3
	$OCIUGL\_S_{it}$	第 t 年年末每股当期已确认未实现部分的其他综合收益	价格模型 4
	$OCIRECY\_S_{it}$	第 t 年年末每股当期重分类进损益的其他综合收益	价格模型 4
控制变量	IND_{it}	行业虚拟变量	价格模型 1 至价格模型 4
	$YEAR_{it}$	年份虚拟变量	

2. 收益模型变量解释及说明

表 7-2　　　　　　　　　　　收益模型变量解释及说明

变量性质	变量代码	变量名称及说明	对应模型
因变量	R_{it}	第 t 年累计报酬率（考虑现金红利再投资），中国 A 股市场为报告期前 8 个月至报告日后 4 个月的累计报酬率	收益模型 5 至收益模型 8
自变量	NI_S_{it}/P_{it-1}	第 t 年每股净利润	收益模型 6、7
	$NIADJ\_S_{it}/P_{it-1}$	第 t 年每股净利润扣除当期重分类进损益的其他综合收益	收益模型 8
	CI_S_{it}/P_{it-1}	第 t 年每股综合收益	收益模型 5
	OCI_S_{it}/P_{it-1}	第 t 年每股其他综合收益	收益模型 6
	AFS_S_{it}/P_{it-1}	第 t 年年末每股可供出售金融资产公允价值变动	收益模型 7
	FC_S_{it}/P_{it-1}	第 t 年年末每股外币报表折算差额	收益模型 7
	$DERIV\_S_{it}/P_{it-1}$	第 t 年年末每股现金流套期保值工具产生的利得或损失中属于有效套期部分	收益模型 7
	$LIOC\_S_{it}/P_{it-1}$	第 t 年年末每股按权益法核算被投资单位其他综合收益中所享有的份额	收益模型 7
	$OCIUGL\_S_{it}/P_{it-1}$	第 t 年年末每股当期已确认未实现部分的其他综合收益	收益模型 8
	$OCIRECY\_S_{it}/P_{it-1}$	第 t 年年末每股当期重分类进损益的其他综合收益	收益模型 8
控制变量	IND_{it}	行业虚拟变量	收益模型 5 至收益模型 8
	$YEAR_{it}$	年份虚拟变量	

注：上述自变量均除以年初的普通股市场价值予以标准化。

7.4　实证结果与数据分析

7.4.1　描述性统计分析

1. 价格模型数据的描述性统计分析

本书以 2009~2014 年的样本数据为依据做了描述性统计，包括的变量有

2009～2014 年上市公司年报披露当日股票收盘价（P）、每股净资产（BVE）、每股净收益（NI）、每股综合收益（CI）、每股其他综合收益（OCI）以及其他综合收益各组成部分的描述性统计结果。描述性统计的结果如表 7-3 所示。

表 7-3　　　　　　　　　价格模型变量描述性统计分析

变量	观测值	均值	中位数	标准差	最小值	最大值
P_{it}	6401	11.760	8.800	13.640	0	257.400
BVE_S_{it}	6401	8.428	5.266	10.130	-0.349	211.000
CI_S_{it}	6401	0.819	0.430	1.590	-5.469	49.500
NI_S_{it}	6401	0.799	0.417	1.556	-5.515	49.630
OCI_S_{it}	6401	0.017	0	0.299	-5.783	6.815
$DERIV\_S_{it}$	6401	-0.003	0	0.010	-0.526	0.124
AFS_S_{it}	6401	0.017	0	0.234	-2.341	5.775
FC_S_{it}	6401	-0.050	0	0.066	-4.675	0.349
$LIOC\_S_{it}$	6401	0.010	0	0.022	-0.254	0.789
$NIADJ\_S_{it}$	6401	0.792	0.411	1.554	-5.515	49.630
$OCIRECY\_S_{it}$	6401	-0.006	0	0.038	-0.821	0.087
$OCIUGL\_S_{it}$	6401	0.023	0	0.288	-5.788	7.462

表 7-3 给出了价格模型变量的描述性统计，其中每股综合收益与每股净利润的数值比较接近，说明企业披露的综合收益信息大部分由净利润组成。从其他综合收益各项组成部分的均值来看最大金额的是可供出售金融资产公允价值变动，最小的是外币报表折算差额。其他综合收益具体项目的中位数都为 0，但是通过前面的样本选取，可以保证上述具体项目至少一项不为 0。

表 7-4 列示了各主要变量（包括了其他综合收益具体项目：可供出售金融资产公允价值变动、外币报表折算差额、现金流套期工具产生的利得或损失中属于有效套期部分、按权益法核算被投资单位确认的其他综合收益中享有的份额）的相关系数，可以看出股票价格 P 与解释变量每股净资产（BVE）、每股综合收益（CI）以及每股净利润（NI）显著相关，与其他综合收益具体项目中的现金流套期工具产生的利得或损失中属于有效套期部分和外币报表折算

差额显著相关。其他解释变量之间关系相关性不强，初步判断多重共线性不严重。

表 7 - 4　　　　　　　　　　　　变量相关系数表

变量	P_{it}	BVE_S_{it}	CI_S_{it}	NI_S_{it}	OCI_S_{it}	$DERIV\_S_{it}$	AFS_S_{it}	FC_S_{it}	$LIOC\_S_{it}$
P_{it}	1								
BVE_S_{it}	0. 366 ***	1							
CI_S_{it}	0. 362 ***	0. 753 ***	1						
NI_S_{it}	0. 373 ***	0. 775 ***	0. 976 ***	1					
OCI_S_{it}	− 0. 017	− 0. 025 **	0. 195 ***	− 0. 014	1				
$DERIV\_S_{it}$	− 0. 026 **	− 0. 047 ***	− 0. 002	− 0. 020	0. 094 ***	1			
AFS_S_{it}	0. 011	0. 022 *	0. 194 ***	0. 014	0. 858 ***	0. 005	1		
FC_S_{it}	− 0. 064 ***	− 0. 125 ***	0	− 0. 053 ***	0. 273 ***	− 0. 006	0. 005	1	
$LIOC\_S_{it}$	0. 009	− 0. 048 ***	− 0. 015	− 0. 057 ***	0. 214 ***	0. 004	0. 127 ***	0. 003	1

注：*** 表示在 1% 的水平上显著；** 表示在 5% 的水平上显著；* 表示在 10% 的水平上显著。

表 7 - 5 列示了各主要变量（其中将其他综合收益分成当期已确认未实现的其他综合收益和当期重分类进损益的其他综合收益）的相关系数，可以看出股票价格 P 与解释变量每股净资产（BVE）以及每股净利润（NI）显著相关，与其他解释变量关系并不明确。

表 7 - 5　　　　　　　　　　　　变量相关系数表

变量	P_{it}	BVE_S_{it}	$NIADJ\_S_{it}$	$OCIRECY\_S_{it}$	$OCIUGL\_S_{it}$
P_{it}	1				
BVE_S_{it}	0. 366 ***	1			
$NIADJ\_S_{it}$	0. 375 ***	0. 775 ***	1		
$OCIRECY\_S_{it}$	0. 011	− 0. 041 ***	− 0. 046 ***	1	
$OCIUGL\_S_{it}$	− 0. 021	− 0. 019	− 0. 008	− 0. 156 ***	1

注：*** 表示在 1% 的水平上显著。

2. 收益模型数据的描述性统计分析

表 7 - 6 给出了收益模型变量的描述性统计，总的观察值是 5871 个，其中综合收益与净利润的数值比较接近，说明企业披露的综合收益信息大部分由净利润组成。从其他综合收益各项组成部分的均值来看金额最大的是可供出售金融资产公允价值变动损益。其他综合收益具体项目的中位数都为 0，但是通过前面的样本选取，可以保证上述具体项目至少有一项不为 0。

表 7 - 6　　　　　　　　　　　收益模型变量的描述性统计

变量	观测值	均值	中位数	标准差	最小值	最大值
R_{it}	5871	0. 364	0. 122	0. 726	− 0. 467	3. 121
CI_S_{it}/P_{it-1}	5871	0. 058	0. 039	0. 101	− 1. 474	1. 627
NI_S_{it}/P_{it-1}	5871	0. 054	0. 038	0. 088	− 1. 487	1. 324
OCI_S_{it}/P_{it-1}	5871	0. 003	0	0. 038	− 0. 453	0. 889
$DERIV\_S_{it}/P_{it-1}$	5871	0	0	0. 001	− 0. 021	0. 020
AFS_S_{it}/P_{it-1}	5871	0. 003	0	0. 032	− 0. 234	0. 700
FC_S_{it}/P_{it-1}	5871	0	0	0. 004	− 0. 166	0. 029
$LIOC\_S_{it}/P_{it-1}$	5871	0	0	0. 003	− 0. 069	0. 090
$NIADJ\_S_{it}/P_{it-1}$	5871	0. 053	0. 037	0. 088	− 1. 487	1. 325
$OCIRECY\_S_{it}/P_{it-1}$	5871	− 0. 001	0	0. 007	− 0. 202	0. 014
$OCIUGL\_S_{it}/P_{it-1}$	5871	0. 004	0	0. 036	− 0. 453	0. 760
$SIZE/P_{it-1}$	5871	1. 938	1. 138	2. 954	0. 072	35. 350

表 7 - 7 列示了各主要变量（包括了其他综合收益具体项目：可供出售金融资产公允价值变动、外币报表折算差额、现金流套期工具产生的利得或损失中属于有效套期部分、按权益法核算被投资单位确认的其他综合收益中享有的份额）的相关系数，可以看出年度股票收益率 R 与解释变量综合收益（CI）、净利润（NI）、其他综合收益（OCI）以及可供出售金融资产公允价值变动显著相关。进一步，解释变量之间的相关性不强，初步判断多重共线性不严重。

表 7－7　　　　　　　　　　　　变量相关系数表

	变量	1	2	3	4	5	6	7	8
1	R_{it}	1							
2	CI_S_{it}/P_{it-1}	0.079 ***	1						
3	NI_S_{it}/P_{it-1}	0.052 ***	0.906 ***	1					
4	OCI_S_{it}/P_{it-1}	0.075 ***	0.456 ***	0.052 ***	1				
5	$DERIV\_S_{it}/P_{it-1}$	− 0.010	0.020	0	0.052 ***	1			
6	AFS_S_{it}/P_{it-1}	0.087 ***	0.428 ***	0.065 ***	0.900 ***	0.012	1		
7	FC_S_{it}/P_{it-1}	− 0.008	0.015	− 0.022 *	0.107 ***	0.010	0.009	1	
8	$LIOC\_S_{it}/P_{it-1}$	0.009	0.044 ***	− 0.007	0.132 ***	0.008	0	− 0.002	1

注：*** 表示在1%的水平上显著；* 表示在10%的水平上显著。

表 7－8 列示了各主要变量（其中将其他综合收益分成当期已确认未实现的其他综合收益和当期重分类进损益的其他综合收益）的相关系数，可以看出年度股票收益率 R 与解释变量扣除当期重分类进损益的其他综合收益之后的净利润（NIADJ）和当期已确认未实现的其他综合收益显著相关。

表 7－8　　　　　　　　　　　　相关系数矩阵

变量	R_{it}	$NIADJ\_S_{it}/P_{it-1}$	$OCIRECY\_S_{it}/P_{it-1}$	$OCIUGL\_S_{it}/P_{it-1}$
R_{it}	1			
$NIADJ\_S_{it}/P_{it-1}$	0.051 ***	1		
$OCIRECY\_S_{it}/P_{it-1}$	− 0.016	0.066 ***	1	
$OCIUGL\_S_{it}/P_{it-1}$	0.075 ***	0.035 ***	− 0.118 ***	1

注：*** 表示在1%的水平上显著。

7.4.2　价格模型的实证检验结果及分析

首先采用价格模型检验综合收益及其组成部分的价值相关性。表 7－9 是采用价格模型得到的综合收益价值相关性的回归结果，具体分析如下：

表 7 - 9 基于价格模型的综合收益价值相关性回归结果

变量	模型 7 - 1	模型 7 - 2	模型 7 - 3	模型 7 - 4
BVE_S_{it}	0.269 ***	0.233 ***	0.228 ***	0.230 ***
	(11.76)	(9.84)	(9.52)	(9.73)
NI_S_{it}		1.988 ***	2.023 ***	
		(12.99)	(13.18)	
CI_S_{it}	1.690 ***			
	(11.69)			
OCI_S_{it}		- 0.860 *		
		(- 1.70)		
$DERIV\_S_{it}$			- 10.983	
			(- 0.71)	
AFS_S_{it}			- 1.053	
			(- 1.61)	
FC_S_{it}			- 4.289 *	
			(- 1.87)	
$LIOC\_S_{it}$			19.842 ***	
			(2.85)	
$NIADJ\_S_{it}$				2.026 ***
				(13.23)
$OCIRECY\_S_{it}$				9.256 **
				(2.32)
$OCIUGL\_S_{it}$				- 1.023 *
				(- 1.92)
Constant	8.511 ***	8.883 ***	8.798 ***	9.028 ***
	(5.62)	(5.88)	(5.82)	(5.97)
Industry Effects	Y	Y	Y	Y
Year Effects	Y	Y	Y	Y
Observations	6401	6401	6401	6401
R-squared	0.233	0.237	0.238	0.239
Z-test	—	- 1.894 *	- 2.262 **	- 2.226 **

注: *** 表示在 1% 的水平上显著；** 表示在 5% 的水平上显著；* 表示在 10% 的水平上显著。括号内为相应的 t 值。

（1）模型 7 – 1 到模型 7 – 4 中的每股净资产（BVE）的回归系数在 1% 的水平上显著为正；模型 7 – 2 和模型 7 – 3 中净利润的回归系数在 1% 的水平上显著为正，说明净资产与传统的会计净利润具有价值相关性。

（2）从模型 7 – 1 中可以看出综合收益总额的回归系数在 1% 的水平上显著为正，说明综合收益总额具有价值相关性。

（3）从模型 7 – 2 中可以看出其他综合收益的回归系数为 – 0. 86，在 10% 的水平上显著，对于负相关具体来源可以从模型 7 – 3 和模型 7 – 4 的检验中进一步获得。其中模型 7 – 3 的检验结果显示为外币报表折算差额与股票价格的相关系数为 – 4. 289，在 10% 的水平上显著相关；按权益法核算被投资单位计入其他总额收益所享有的份额则与股票价格在 1% 的水平上显著相关，相关系数为 19. 842，然而其他综合收益的另外两项具体组成部分也与股票价格呈负相关关系，但是相关性并不显著。模型 7 – 4 将综合收益划分为当期已确认未实现的其他综合收益以及当期重分类进损益的其他综合收益时具有价值相关性，其中当期已确认未实现的其他综合收益（OCIUGL）在 10% 的水平上显著相关，相关系数为 – 1. 023，而当期重分类进损益的其他综合收益（OCIRECY）在 5% 的水平上显著相关，相关系数为 9. 256，说明其他综合收益披露当期确认和重分类的信息有助于会计信息使用者评估企业的价值，在投资者决策过程中提供了有用的增量信息。

（4）为了检验不同收益模型的解释能力，本书对价格模型进行了 Vuong 检验，计算方法详见 Vuong（1989），Z 值为模型 7 – 2、模型 7 – 3、模型 7 – 4 与模型 7 – 1 相抉择的统计量，其中就模型解释能力而言，模型 7 – 2 在 10% 的水平上显著优于价格模型 7 – 1，模型 7 – 3 和模型 7 – 4 在 5% 的水平上显著优于价格模型 7 – 1。

从上述回归结果可以看出采用价格模型检验综合收益价值相关性时假设 7 – 1 和假设 7 – 3 成立，而假设 7 – 2 部分成立。

7. 4. 3　收益模型的实证检验结果及分析

为了取得稳健的研究结果，本章同时采用收益模型检验综合收益及其组成部分的价值相关性，检验结果见表 7 – 10。具体分析如下：

表 7 – 10　　　　　　　　　基于收益模型的综合收益价值相关性回归结果

变量	模型 7 – 5	模型 7 – 6	模型 7 – 7	模型 7 – 8
NI_S_{it}/P_{it-1}		0.380 ***	0.382 ***	
		(5.26)	(5.28)	
CI_S_{it}/P_{it-1}	0.355 ***			
	(5.59)			
OCI_S_{it}/P_{it-1}		0.261		
		(1.57)		
$DERIV\_S_{it}/P_{it-1}$			1.847	
			(0.18)	
AFS_S_{it}/P_{it-1}			0.353 *	
			(1.79)	
FC_S_{it}/P_{it-1}			4.312 **	
			(2.51)	
$LIOC\_S_{it}/P_{it-1}$			– 1.949	
			(– 0.89)	
$NIADJ\_S_{it}/P_{it-1}$				0.381 ***
				(5.28)
$OCIRECY\_S_{it}/P_{it-1}$				– 2.088 **
				(– 2.20)
$OCIUGL\_S_{it}/P_{it-1}$				0.289 *
				(1.65)
Constant	0.322 ***	0.323 ***	0.323 ***	0.319 ***
	(5.27)	(5.28)	(5.29)	(5.22)
Industry Effects	Y	Y	Y	Y
Year Effects	Y	Y	Y	Y
Observations	5871	5871	5871	5871
R-squared	0.586	0.586	0.587	0.587
Z-test	—	– 1.336	– 2.169 **	– 1.436

注：*** 表示在1%的水平上显著；** 表示在5%的水平上显著；* 表示在10%的水平上显著。括号内为相应的 t 值。

（1）从模型 7 – 5 的检验结果可以看出综合收益总额的回归系数显著为正，采用收益模型依然证实了综合收益具有价值相关性。

（2）模型 7 – 6 将综合收益进一步划分成净利润和其他综合收益，回归结果显示净利润与股票收益率显著正相关，而其他综合收益与股票收益率不相关。

（3）模型 7 – 7 在模型 7 – 6 的基础上将其他综合收益划分成具体明细项目，结果发现净利润与股票收益率在 1% 的水平上显著相关，此外可供出售金融资产和外币报表折算差额分别与股票收益率在 10% 和 5% 的水平上显著相关。

（4）模型 7 – 8 同样也是在模型 7 – 6 的基础上将其他综合收益划分为当期确认项目和当期重分类项目，结果表明调整之后的净利润的回归系数在 1% 的置信水平上显著，而当期已确认未实现的其他综合收益和当期重分类进损益的其他综合收益的回归系数分别在 10% 和 5% 的置信水平上显著。

（5）为了检验不同收益模型的解释能力，本书对收益模型进行了 Vuong 检验，计算方法详见 Vuong（1989），Z 值为模型 7 – 6、模型 7 – 7、模型 7 – 8 与模型 7 – 5 相抉择的统计量，其中就模型解释能力而言，模型 7 – 8 运用净利润和其他综合收益按照性质划分的具体项目显著优于采用综合收益总额的收益模型，而其他模型相对于模型 7 – 5 具有正向的解释能力，但结果并不显著。

从上述回归结果首先证实了假设 7 – 1 是成立的，说明无论是采用收益模型还是价格模型检验，得到的综合收益都是具有价值相关性的；然而采用收益模型检验其他综合收益的价值相关性时仅发现可供出售金融资产公允价值变动和外币报表折算差额具有显著相关性，即假设 7 – 2 部分成立；而假设 7 – 3 通过实证检验，说明采用收益模型检验的其他综合收益的变动信息具有价值相关性，该检验结果与价格模型一致。

7.4.4　不同列报位置下综合收益信息价值相关性的实证检验结果及分析

在研究综合收益及其组成部分的价值相关性均是采用全样本的研究，年度因素和行业因素多为控制变量，由于我国会计准则综合收益于 2009～2013 年度和 2014～2015 年度分别在所有者权益变动表和利润表中披露，说明从会计准则的角度在综合收益相关准则制定的初期将综合收益视为所有者权益变动的后果，而在会计准则修订之后的最大调整为承认综合收益作为企业收益的性质继而在利润表中列示，该项会计准则同国外会计准则存在较大差异，国外的会计准则赋予企业选择在利润表或者综合收益表中列示综合收益信息，而我国对此建立了统一的准则规范。根据有效市场假说，会计信息无论以何种方式披露均具有相同的信息含量，可以及时地被市场识别并反映到股票价格中，然而我国目前的资本市场并非完全有效，因此，采用不同的方式披露综合收益可能具有不同的市场反应。

本书分别对 2009～2013 年度和 2014～2015 年度的综合收益及其组成部分的价值相关性进行检验，由于文章时间的限制，因此 2015 年年报的样本为截至 2016 年 3 月 12 日当日披露的全部年报，为了提高 2009～2013 年度和 2014～2015 年度的会计信息可比性，本书将样本范围限定在 2009 年上市的公司，剔除了 2009 年之后在深交所和上交所上市的公司，保证在两个时间段内公司样本的一致性，降低检验过程中由于样本公司不一致产生的噪音，提高实证检验结果的稳健性。由此采用价格模型检验得到的总观测值为 1267 个，平均每年的观测值为 181 个；采用收益模型得到的总观测值为 854 个，平均每年的观测值为 122 个。由于之前已经对 2009～2014 年度进行了全样本的描述性统计分析和相关性分析，因此，本书对此不再赘述。本书将面板数据按照 2009～2013 年度和 2014～2015 年度两段时间样本组，分别进行回归。

1. 单变量检验

表 7－11 的 A 部分为在 2009～2013 年和 2014～2015 年时间段采用价格模型的单变量检验。除了每股净资产未通过中位数差异检验以外，不同时间段的样本组对应自变量和因变量均存在显著的平均数差异和中位数差异。

表 7 – 11 价值相关性模型的单变量检验

变量	2009 ~ 2013 年		2014 ~ 2015 年		t 检验	Wilcoxon 检验
	平均值	中位数	平均值	中位数		
Panel A：价格模型						
P_{it}	10.231	7.910	15.775	12.690	– 6.164 ***	– 7.812 ***
BVE_S_{it}	5.667	3.767	4.730	3.534	2.526 ***	1.218
CI_S_{it}	0.522	0.262	0.416	0.215	2.657 ***	2.326 **
NI_S_{it}	0.513	0.262	0.358	0.207	3.775 ***	2.868 ***
OCI_S_{it}	0.010	0	0.050	0	– 2.005 **	– 2.969 ***
观测值	905		362			
Panel B：收益模型						
R_{it}	0.136	0.023	0.979	0.918	– 19.514 ***	– 17.041 ***
CI_S_{it}/P_{it-1}	0.041	0.031	0.035	0.029	1.283 *	1.202
NI_S_{it}/P_{it-1}	0.039	0.031	0.030	0.028	2.244 **	1.921 *
OCI_S_{it}/P_{it-1}	0.001	0	0.001	0	0.638	– 2.832 ***
观测值	610		244			

注：*** 表示在 1% 的水平上显著；** 表示在 5% 的水平上显著；* 表示在 10% 的水平上显著。

表 7 – 11 的 B 部分为采用收益模型的单变量检验，对于累计报酬率和每股净利润在不同时间段的样本组存在显著的平均数差异和中位数差异，此外每股综合收益的均值差异显著，但是其中位数差异不显著；每股其他综合收益的均值差异不显著，但其中位数差异显著。

2. 多元回归分析

表 7 – 12 和表 6 – 13 仍然沿用价格模型和收益模型分别对 2009 ~ 2013 年以及 2014 ~ 2015 年的综合收益及其组成部分的价值相关性进行检验。

表 7 – 12 会计准则修订前后采用价格模型检验价值相关性回归结果

变量	2009 ~ 2013 年	2014 ~ 2015 年	2009 ~ 2013 年	2014 ~ 2015 年
	模型 7 – 1		模型 7 – 2	
BVE_S_{it}	0.506 ***	0.926 ***	0.174 *	1.079 ***
	(7.28)	(5.48)	(1.93)	(6.60)

变量	2009~2013 年	2014~2015 年	2009~2013 年	2014~2015 年
	模型 7 – 1		模型 7 – 2	
CI_S_{it}	3. 557 ***	3. 714 ***		
	(7. 40)	(4. 09)		
NI_S_{it}			4. 284 ***	6. 257 ***
			(7. 30)	(6. 52)
OCI_S_{it}			0. 992	– 8. 571 ***
			(0. 55)	(– 4. 06)
Constant	1. 478	5. 374	2. 138	3. 763
	(0. 57)	(1. 04)	(0. 84)	(0. 77)
Industry Effects	Y	Y	Y	Y
Observations	905	362	905	362
R-squared	0. 350	0. 354	0. 235	0. 424

注：***表示在1%的水平上显著；**表示在5%的水平上显著；*表示在10%的水平上显著。括号内为相应的 t 值。

从表 7 – 12 可以看出两个时间段内每股净资产、每股综合收益以及每股净利润的回归系数在 1% 的置信水平上显著；每股其他综合收益在 2009~2013 年不具有价值相关性，而在 2014~2015 年与股票价格的相关系数为 – 8. 571，在 1% 的水平上显著相关。说明其他综合收益作为收益的性质在利润表中列示提高了会计信息的价值相关性，会计信息使用者对于利润表中的其他综合收益会计信息更为重视并将其反映到股票价格中，因此，本书提出的假设 7 – 4 通过实证检验。

表 7 – 13 为在不同时间段采用收益模型检验综合收益及其组成部分的价值相关性回归结果，其他综合收益在 2014~2015 年度较 2009~2013 年度的价值相关性显著提高，然而净利润和综合收益的价值相关性的置信区间降低，说明综合收益在利润表中列示显著提高其他综合收益的价值相关性，但是同时减弱了综合收益和净利润的价值相关性。

表7−13 会计准则修订前后采用收益模型检验价值相关性回归结果

变量	2009~2013年	2014~2015年	2009~2013年	2014~2015年
	模型7−5		模型7−6	
NI_S_{it}/P_{it-1}			1.366 ***	0.112 *
			(4.49)	(0.14)
OCI_S_{it}/P_{it-1}			3.466 *	22.578 **
			(1.95)	(2.43)
CI_S_{it}/P_{it-1}	1.171 ***	0.966 **		
	(4.86)	(1.48)		
Constant	0.166	0.609 **	0.115	0.637 **
	(1.24)	(2.02)	(0.86)	(2.12)
Industry Effects	Y	Y	Y	Y
Observations	610	244	610	244
R-squared	0.057	0.119	0.067	0.134

注：*** 表示在1%的水平上显著；** 表示在5%的水平上显著；* 表示在10%的水平上显著。括号内为相应的t值。

7.5 稳健性检验

为了确证上述回归结果的稳健性，本书从以下几个方面进行稳健性检验。

第一，针对价格模型进行稳健性测试，分别采用12月31日和年报披露当年4月30日的公司股票收盘价代替第二年上市公司年报披露日的股票收盘价格。

第二，针对收益模型进行稳健性检验，采用每年1月1日至12月31日的年度股票收益率代替每年5月1日至第二年4月30日的年度股票收益率。

通过上述稳健性检验，得到的回归结果与之前的回归结果一致，说明回归结果具有稳定性。

7.6 结论及启示

本书采用价格模型和收益模型分别检验了综合收益及其具体项目的价值相关性，得到如下结果：

（1）本书选取的是 2009～2014 年度样本，综合收益总额、净利润以及净资产已发行在外的普通流通股股数标准化之后通过了假设 7－1 的检验，与企业年报披露当日的股票价格呈显著正相关关系。

（2）采用价格模型证实了其他综合收益、外币报表折算差额以及按权益法核算被投资单位计入其他总额收益所享有的份额具有价值相关性；而采用收益模型却发现其他综合收益不具有价值相关性，只有可供出售金融资产公允价值变动和外币报表折算差额具有价值相关性，因此假设 7－2 未通过验证。

（3）假设 7－3 部分将其他综合收益分成当期已确认未实现的其他综合收益以及当期重分类进损益的其他综合收益，其中采用价格模型取得的结果是与股票价格显著相关，而采用收益模型时其他综合收益的两项组成与股票收益率不相关，假设 7－3 未通过验证。

（4）假设 7－2 和假设 7－3 在价格模型和收益模型的不同结果说明了其他综合收益及其组成部分的价值相关性具有不稳定性，收益模型和价格模型在模型检验中存在一定的差异，科塔里和齐默尔曼（1995）详细讨论了价格模型和收益模型的差异，指出价格模型在计量上更容易产生异方差、模型设定有偏等问题，但该模型估计系数产生的系数偏差较小，因此建议在实证检验中同时使用价格模型和收益模型，使得结果更加有效。

（5）本书基于会计准则修订前后综合收益在不同的财务报表列示检验综合收益及其组成部分的价值相关性，结果表明其他综合收益在 2014～2015 年反映出与企业股票价格具有价值相关性。综合收益于 2014 年首次以会计准则的形式予以规范，要求企业统一在利润表中披露综合收益及其具体组成部分的当期发生额，同时在资产负债表中增加了"其他综合收益"的会计科目，使得其他综合收益会计信息得到充分的列示和披露，加强了会计信息的价值相关性。这一结论也说明了综合收益在利润表中披露较所有者权益变动表更具有价值相关性。

通过上述实证检验和分析证明综合收益具有价值相关性，其中净利润具有显著的价值相关性，而其他综合收益随着会计准则的修订与完善，其价值相关性逐渐体现，尤其是在利润表中详细披露综合收益信息，可以看出其他综合收益的价值相关性显著提升。由于本书研究时点的限制，只检验了在利润表中列示综合收益的两年数据，其余样本均是在所有者权益变动表中列示的综合收益信息，因此最终的结论还有待进一步的完善。

此外，本章采用价格模型和收益模型检验其他综合收益及其组成部分的价值相关性时存在差异，说明其他综合收益及其组成部分的价值相关性还不稳定，但可以看到无论采用哪一类模型，其他综合收益的具体组成部分与股票价格/股票收益率显著相关，说明披露其他综合收益的具体项目为信息使用者提供了有用的会计信息。

第 8 章

综合收益的风险相关性研究

会计作为一个信息系统，其最终目的是满足不同信息使用者的需求，而决策有用性往往被视为信息使用者的最终需求。我国基本企业会计准则指出财务会计报告的目标是向财务会计报告使用者提供与企业财务状况、经营成果和现金流量等有关的会计信息，反映企业管理层受托责任履行情况，有助于财务会计报告使用者作出经济决策。美国 FASB 第 8 号概念框架指出财务报告披露的信息可以用来帮助投资者预测企业未来现金流的数量、时间和存在的风险，同时在预测未来现金流的不确定性时所造成的收益波动及其组成起到关键的作用。因此，假如综合收益各项组成部分的波动性与股票收益波动性正相关，则意味着综合收益组成部分具有风险信息含量。在 20 世纪 90 年代，美国银行机构曾经批判了 FASB 制定的综合收益提案，认为综合收益"过渡"波动，夸大了银行的风险，并误导了投资者。

本章首先分析综合收益和净利润的波动性，一种观点是综合收益较净利润增加了其他综合收益，而其他综合收益缺乏净利润构成部分的持续性会计信息特征，因此综合收益较净利润更具波动性。然而如果其他综合收益的组成部分与净利润负相关的话将会导致综合收益的波动性小于净利润，例如，外币项目或者现金套期保值常与净利润负相关。因此其他综合收益项目是否导致综合收益比净利润的波动性更大还需要进行实证研究。

其次，综合收益波动性与风险之间的关系需要进一步的探讨，基于之前的文献综述（霍德等学者 2006；卡恩和布拉德伯里，2014、2015；布莱克，2014）对综合收益波动性和风险相关性研究显示综合收益具有风险相关性，但是综合收益相对于净利润的增量波动性的风险相关性却不显著。此外，之前的研究多集中在金融行业，而缺乏全样本的检验导致研究结论缺乏全面性和普适性，因此，本章将选择全行业作为研究样本检验综合收益的波动是否具有风险相关性。

最后，综合收益波动带来的市场反应，盈余波动本身并不是问题的关键，重要的是波动对资本市场的影响，本章将结合第 7 章的检验模型，在价格模型测试的基础上增加其他综合收益波动性以及其他综合收益当期发生额和其他综合收益波动程度的交乘项用来检验市场在运用综合收益数额来进行决策的过程中是否受到其他综合收益波动性的影响。

8.1　综合收益风险相关性文献评述

学术界和实务界对于综合收益信息在利润表中列报最为关注的问题就是其他综合收益较净利润更具波动性，使得投资者高估企业风险（赫斯特和霍普金斯，1998）。然而从已有的文献研究来看，大多文献多集中于研究综合收益的价值相关性，对于其风险相关性却鲜少研究。对于综合收益的价值相关性与风险相关性，伊斯顿和祖米卓斯基（1989）指出盈余持续性和企业面对的市场风险均会影响收益和回报的相关性，该研究检验了公司风险和企业其他综合收益波动性之间的关系，并将其他综合收益的风险相关性作为价值相关性的一项主要因素。我们可以看出价值相关性和风险相关性是既有联系同时又存在显著区别的。价值相关性关注的是财务数据与企业市场价格或回报的相关程度，而风险相关性则侧重于财务数据波动的时间序列与回报波动的时间序列之间的相关程度。

最早关注会计信息风险相关性的研究是基于盈余波动性，并发现盈余波动性与股票系统风险相关（比弗等学者，1970；罗森伯格和麦吉本，1973），瑞安（1997）指出盈余波动性的信息可以为投资者提供决策有用信息，尤其是引入一系列其他综合收益的信息之后，盈余的内涵和范围在决策有用性目标的影响下越来越宽泛，以综合收益为代表的盈余信息被越来越多的学者关注和研究。

巴斯等学者（1995）以1971～1990年137家美国银行为研究样本，对收益波动性问题进行研究，发现采用公允价值计量：（1）利润中包含了投资证券产生的未实现利得和损失相对于历史成本法计量的利润波动性更大，但是投资者并未在定价时考虑增加的波动性；（2）公允价值计量过程中违反资本监管的行为更易发生；（3）公允价值计量中存在的违反资本监管的信息披露可以预测实际的违反资本监管行为，然而投资者在估值定价时并未考虑潜在危机风险；（4）虽然投资证券产生的现金流十分复杂，但是投资者在定价时会考虑利率变动的影响。由于投资者在估值定价过程中并未考虑公允价值收益的波动性或者潜在的违反资本监管行为带来的风险，因此作者建议在综合收益确认计量过程中更多地采用公允价值，当然目前还无法获知公允价值是否优于历史成本，因此收入波动的公允价值仅仅体现在证券投资中。

班伯等学者（2010）的研究并未直接提到收益波动性，而是选择那些在1998～2001年发生了综合收益列报发生变动的美国公司。他们指出在79%的样本中存在综合收益大于净利润，其中综合收益的均值（中值）分别高于净利润的29%（9%）。

对于综合收益的波动性，上述文献已经证实考虑了其他综合收益信息之后的综合收益较净利润波动性更大，那么增加的波动性是否具有风险相关性，以下学者对于该问题做了进一步的研究。当然，对于增量的波动性，一般从以下几个角度展开：第一，选择综合收益波动扣除净利润波动作为增量波动性的替代变量；第二，选择总量波动性的某个具体项目研究风险信息含量；第三，直接用其他综合收益波动性作为增量波动性的替代变量。

梅因斯和麦克丹尼尔（2000）采用实验研究的方法分析了综合收益如何影响非专业投资者对于可供出售金融资产未实现的利得和损失波动性的评估以及波动性的评估如何影响这些投资者对于股票风险的评价。作者发现无论综合收益是否列示，非专业投资者都可以识别保险公司可供出售金融资产未实现的利得和损失的波动性。然而综合收益在利润表和所有者权益变动表中列示的可供出售金融资产未实现的利得和损失还是对股票风险评估的高低产生影响。作者的研究表明在利润表中披露的可供出售金融资产未实现公允价值变动损益可以为投资者评估企业风险提供证据。布洛姆菲尔德等学者（2006）选择 MBA的学生作为实验研究对象，研究发现当公司可供出售金融资产未实现公允价值变动损益最大且这部分信息在综合收益表或者利润表中披露时公司股价的波动最高。

霍德等学者（2006）分别构建了以净利润、综合收益、全面综合收益为基础的三项收益波动性指标，文章以 1996～2004 年美国 202 家金融类上市公司为研究样本，检验收益波动性和回报波动性以及收益波动性和权益资本成本的相关性。在研究中将三种收益波动性与四类股票市场风险，包括市场模型 beta、短期利率 beta、长期利率 beta 以及股票回报波动性。作者发现综合收益较净利润更具波动性，净利润和综合收益的波动性与回报波动以及长期利率 beta 正相关。然而综合收益波动性与股票市场 beta 显著负相关，净利润波动性与股票市场 beta 呈不显著负相关关系。综合收益较净利润增加的波动性与收益波动性呈不显著正相关关系，与股票市场 beta 呈显著负相关关系，与长期利率 beta 呈不显著负相关关系。对于增量波动性的度量，作者并未直接采用其他综合收益波动性，而是用综合收益波动性与净利润波动性之差代替，这种度量上的误差无法帮助投资者准确预测异常盈余。比弗等学者（1970）提出了业绩波动的风险相关性，同时用业绩波动性和业绩 beta 系数来解释市场模型的 beta 系数。霍德等学者（2006）之前的研究多集中在会计基础的风险计量、预期回报的定价风险以及股票价格的关系上，而本篇文章的创新之处在于构建了收入计量、公允价值、风险以及股票价格之间的关系。

布哈特（2008）运用方差分解的方法检验 2001～2005 年 180 家美国商业银行公允价值变动利得和损失（以下简称 FVGL）相对于净利润的贡献方差。本书发现 FVGL 在解释非预期收益波动性方面是显著的，同时，FVGL 相对于净利润的重要性在于信息披露的要求和有效的公司治理。其中，信息披露的作用是直接的，而公司治理的作用则通过信息披露间接发挥出来。作者进一步区分了不同的风险，发现 FVGL 的方差变动与利率风险、信用风险和金融衍生工具持有风险相关。本书结论认为 FVGL 具有风险相关性，信息披露和公司治理能够帮助投资者识别评估与公允价值变动相关的风险。本书的研究建立在霍德等学者研究（2006）的基础之上，并从两个角度做了创新：第一是方法的创新，采用方差分解的方法更好地衡量波动性与风险相关性；第二是指出波动性与风险相关性之间关系的增强依赖于信息披露和公司治理。

埃米尔等学者（2010）研究了如何通过改变其他综合收益信息披露准则影响与管理层风险相关的管理决策。本书研究了养老金会计准则的变动影响了养老金证券投资组合。该准则要求公司在资产负债表中确认养老金净资产/净负债，同时在其他综合收益中确认实际的利得或损失，因此本书的研究假设是该准则的颁布使得其他综合收益波动性更强，同时随着养老金资产投资于债权市场比重的增加而减少波动性。作者发现新的养老金会计准则颁布之后，高管倾向于将养老金资产从股票市场转移到债券市场。

布莱克（2014）检验了其他综合收益组成部分的波动性与银行回报的波动性相关程度。作者预测其他综合收益组成部分的波动性与银行回报的波动性相关，同时，通过分析上述两者的关系丰富了其他综合收益的信息有用性研究。作者运用回报波动性来计量银行的总风险，并且遵循 FASB 概念框架的要求将其他综合收益分为四个主要的组成部分：可供出售金融资产调整、现金流套期保值调整、养老金调整以及外币报表折算差额调整。作者进一步将可供出售金融资产公允价值变动损益和现金流套期保值分为未实现部分和重分类调整至当期损益部分，发现可供出售金融资产公允价值变动和现金流套期保值产生的未实现利得和损失与回报的波动性负相关，重分类调整至当期损益部分的利得和损失与收益的波动性呈正相关关系，且其他综合收益在利润表中披露时上述关系更加显著。这个结果意味着难以为高管控制的未实现利得和损失的波动性与风险负相关，而相对易于被高管控制的重分类调整至当期损益的利得和损失则与风险正相关。

由于金融行业与非金融行业的商业模式差异很大，卡恩和布拉德伯里（2014，2015）检验了非金融行业公司的风险相关性。卡恩和布拉德伯里（2014）选择了美国非金融行业公司为研究样本，他们发现综合收益比净利润更具波动性，且与以市场为基础计量的风险相关（股票回报波动性和 beta）。然而，相对于净利润，综合收益增加的波动性与市场风险无关，同时投资者在定价过程中并未考虑综合收益增量波动性。但是由于他们并未研究其他综合收益各组成部分的风险相关性，因此他们并未获得综合收益较净利润波动性大的根本原因及其后果。卡恩和布拉德伯里（2015）基于财务报告的提供者认为综合收益增加的波动性信息会干扰财务报告使用者的判断，以新西兰 2003 ~ 2010 年 92 家非金融类公司为研究样本检验综合收益的波动性和风险相关性，研究发现近 2/3 的公司综合收益波动性大于净利润的波动性，而剔除了固定资产重估之后该比例降为 57%。他们发现增加的综合收益波动性或者剔除资产重估之后的综合收益波动性与回报波动性以及 beta 相关。此外随着综合收益波动的增加，投资者提高超额收益的预期，但是剔除了资产重估的综合收益波动的增加并未对超额收益预期产生影响，意味着资产重估在估值过程中产生正面影响。之前关于综合收益波动性的研究集中于金融工具公允价值变动产生的波动性（如巴斯，1995；霍德，2006），近期卡恩和布拉德伯里的研究是以非金融类公司为大样本做的关于综合收益波动性研究，该文采用的方法与之相同，但是样本选择不同。该文的创新在于由于 IASB 与 FASB 存在一定差异，因此之前的研究采用美国公司的数据无法验证 IASB 实施的效果。首先，从实体规模的角度，美国公司每股股价是本书样本公司的 10 倍，美国公司权益账面价值是本书样本公司的 7 倍；其次，其他综合收益的主要构成不同，例如，新西兰公司较少采用养老金计划，而在新西兰外汇衍生品比美国更为普遍；最后，IFRS 与 US GAAP 在其他综合收益具体项目上存在差异，例如，IFRS 允许将固定资产和投资性房地产进行重估并将其变动计入其他综合收益。因此，本书的收益波动性包括净利润、综合收益以及剔除资产重估后的综合收益。本书提供的样本是非美国的，这对国际会计准则的制定和完善是有价值的，同时本书为美国财务报告准则和国际会计准则的趋同提供实证依据。

对于综合收益波动风险的研究多集中在美国，其他国家对此展开研究的较少。其中玛丽萨·阿戈斯蒂尼（2014）以意大利公司为研究样本检验了其他综合收益的列报方式和波动性、符号（sign）以及会计总额三个不同变量之间的关系。该文的样本区间是 2009～2012 年，因为意大利的会计准则要求企业于 2009 年开始使用 2007 年修订的 IAS1 进行会计报告。该文的意大利背景文化较美国有很大差异，因为意大利的传统会计文化中从未考虑过其他综合收益，综合收益的运用主要是由于国际会计准则趋同的需要。该文首先是检验其他综合收益的价值相关性，研究表明其他综合收益的影响较弱，仅为净利润的 10% 左右。然而采用净利润计量的 ROE 和采用综合收益计量的 ROE 也有显著差异，这说明了其他综合收益在评价公司业绩方面发挥重要作用。其次作者发现其他综合收益变动的中值高于净利润，表明其他综合收益较净利润更具波动性。

我国对综合收益波动性的研究起步较晚，相关文献也相对较少，然而伴随着综合收益信息披露的不断丰富，对于综合收益波动性和风险相关性还有待进一步的研究。

8.2　理论分析和研究假设

综合收益波动性（volatility）被广泛用来测量资产的风险性，与潜在收益率的范围及其发生的可能性有关。综合收益波动主要来源于市场价值的应用，根据利得和损失的不同性质本书将综合收益分为净利润波动和其他综合收益波动两部分，这两部分波动构成了盈余波动。在有效市场假说（EMH）的前提下，资本市场的价格和收益总是能够及时、准确和充分地反映所有相关信息（法马，1970），这里"相关信息"也包括盈余波动的风险信息。因而财务报表的盈余波动信息能被有效的资本市场上的理性投资者所识别，与资本市场的投资风险呈现出一致的对应关系。因此对于综合收益，在考虑了市场价值信息之后其会计信息的相关性程度在不断提高，提供的增量信息反映了更多企业可能面临的市场风险。因此，提出本章的第一个假设：

假设 8 - 1：在其他条件一定的情况下，净利润和其他综合收益的波动性与股票回报率的波动显著相关。

根据巴斯（2004）盈余波动主要包括估计误差波动、固有波动和混合计量波动，除了固有波动以外估计误差波动和混合计量波动均属于人为因素造成的误差，因此综合收益的波动虽然反映了企业的风险因素，然而也存在较大的噪音。如果综合收益信息披露主要是由固有波动引起，那么其披露的信息可以帮助会计信息使用者获取更多的风险因素，从而降低预期报酬率和股票价格。因此，提出本章的第二个假设：

假设 8 - 2：在其他条件一定的情况下，两类盈余波动与股票市场价格呈负相关关系。

盈余的波动存在正向波动和负向波动两部分，因此在研究盈余波动的过程中不但要考虑波动的程度，还应考虑波动的方向，正向的波动意味着盈余存在持续增长的趋势，而相反负向的波动则意味着盈余存在持续减少的趋势，这势必会在市场上造成不同的影响，即使当期的盈余较高，但如果当期波动性较大，仍然会影响会计信息使用者对盈余预期的判断，而且不同方向的波动也会存在差异，基于上述分析提出本章的第三个假设：

假设 8 - 3：在其他条件一定的情况下，正向的盈余波动和负向的盈余波动对盈余的价值相关性产生不同的影响。

8.3　样本选择和研究设计

8.3.1　样本选择

本书选取 2009 ~ 2014 年间沪深两市 A 股上市公司作为研究对象，同时采用了以下标准对选择的样本进行进一步筛选：（1）剔除只披露了一次其他综合收益的公司，因为它们未表现出波动性；（2）为了控制极端值的影响，对被解释变量和解释变量均采用 5% 的缩尾处理。

本书收集了 2009 ~ 2014 年个股每年年报披露日收盘价格，2009 年 5 月至 2015 年 4 月个股月度回报率，2009 ~ 2014 年度净利润、其他综合收益、综合收益、发行在外加权平均股数等指标，剔除 ST 公司、缺失数据和极端值，同时对所有连续变量进行了 1% 水平上的缩尾处理，最终得到的总样本为 4324

个。本书所有数据均来自 CSMAR 数据库。

8.3.2　研究设计

（1）为了检验假设 8 - 1，本书在研究设计上参考霍德等学者（2006）和布莱克（2014）等文献，构建了关于综合收益波动性和股票回报率波动性的多元回归模型 8 - 1：

$$\sigma RET_{it} = \alpha_0 + \alpha_1 \sigma NI_{it} + \alpha_2 \sigma OCI_{it} + Controls_{it} + \varepsilon_{it} \qquad (8-1)$$

（2）为了检验假设 8 - 2 和假设 8 - 3，本书在第 7 章模型 7 - 2 的基础上考虑盈余波动的影响，增加了净利润波动性、其他综合收益波动性以及上述两项的波动值和当期每股盈余的发生额的交乘项，为了反映盈余波动的方向性和波动程度，本书分别对净利润波动性和其他综合收益波动性设置了虚拟变量，具体变量解释见后续变量解释及说明，最终构建了多元回归模型 8 - 2：

$$P_{it} = \alpha_0 + \alpha_1 BVE\_S_{it} + \alpha_2 NI\_S_{it} + \alpha_3 DNI_{it} + \alpha_4 NI\_S_{it} * DNI_{it} + \alpha_4 OCI\_S_{it}$$
$$+ \alpha_5 DOCI_{it} + \alpha_6 OCI\_S_{it} * DOCI_{it} + Controls_{it} + \varepsilon_{it} \qquad (8-2)$$

8.3.3　变量解释及说明

1. 波动性的计算

根据霍德（2006）在研究美国金融类上市公司的综合收益额的波动性及其相对于净利润的增量波动时，将上市公司每一年年报所披露的净利润数据除以该公司年末的流通市值后求得的标准差作为净利润波动性的替代变量来研究净利润波动与股价的相关关系。本书借鉴前人对于净利润波动性的衡量方法，分别计算股票收益率、净利润和其他综合收益的波动性。由于本书选取的样本区间为 2009～2014 年，因此，本书采用每三年为一个区间滚动计算标准差，波动性的衡量是采用盈余的总额除以当期流通股股数，求得标准差之后再除以三年盈余的均值予以标准化。例如，衡量 2009～2014 年其他综合收益的波动性的第一个样本期间是 2009～2011 年的样本，通过计算 2009 年、2010 年和

2011 年三年的数据，最终得到 2011 年度其他综合收益的标准差，这一标准差代表的是 2011 年其他综合收益的波动性，以此类推，其他变量波动性的衡量同理可得。

2. 虚拟变量

为了体现盈余波动的方向性，本书分别对每股净利润的标准差和每股其他综合收益的标准差设置虚拟变量。以其他综合收益为例，其虚拟变量的设置方法是将每股综合收益的标准差按照大小进行排列，其中正向波动组（P – OCI）在所有每股其他综合收益波动程度从大到小排列的前 1/3 且必须大于零，同理对于负向波动组（N – OCI）则必须为每股其他综合收益波动程度从大到小排列的后 1/3 且必须小于零，其余部分为中度波动组（M – OCI）。

在研究设计中我们进一步选取正向波动性样本（P – OCI）和负向波动性样本（N – OCI）作为实验研究对象，并设置反映波动性的虚拟变量（DOCI）。当每股其他综合收益属于正向波动组（P – OCI）范围时，DOCI 取 1，代表的是每股其他综合收益的正向波动；反之属于负向波动组（N – OCI）范围时，DOCI 取 0，代表的是每股其他综合收益的负向波动。每股净利润标准差的虚拟变量同理可得。

3. 变量说明

具体变量说明见下表 8 – 1。

表 8 – 1　　　　　　　　　　变量解释及说明

变量性质	变量代码	变量名称及说明
Panel A：模型 8 – 1		
因变量	δ_{RETit}	第 t 年股票回报率为基础计算的标准差
自变量	δ_{Nlit}	第 t 年的每股净利润会计收益的标准差
	δ_{OClit}	第 t 年的每股其他综合收益的标准差

变量性质	变量代码	变量名称及说明
Panel A：模型 8 – 1		
控制变量	IND	行业虚拟变量
	YEAR	年份虚拟变量
	$SIZE_{it}$	第 t 年年末总资产账面价值的自然对数
	LEV_{it}	第 t 年年末资产负债率
Panel B：模型 8 – 2		
因变量	P_{it}	第 t 年年报披露当日每股股票的收盘价格
自变量	BVE_S_{it}	第 t 年年末每股账面净资产
	NI_S_{it}	第 t 年每股净利润
	OCI_S_{it}	第 t 年每股其他综合收益
	DNI_{it}	第 t 年每股净利润波动性的虚拟变量，正向波动组取值为 1，负向波动组取值为 0
	$DOCI_{it}$	第 t 年每股其他综合收益波动性的虚拟变量，正向波动组取值为 1，负向波动组取值为 0
控制变量	IND	行业虚拟变量
	YEAR	年份虚拟变量

8.4 实证结果和数据分析

8.4.1 描述性统计分析

本书绘制了 2009～2014 年综合收益、净利润以及其他综合收益的波动趋势见图 8 – 1。其中综合收益和净利润的趋势基本一致，其他综合收益与上述两个指标差异较大，反映了其他综合收益的变动程度可能为信息使用者提供增量信息。

此外，本书运用 STATA12.0 统计分析软件对两类盈余的波动性做了统计分析，具体见表 8 – 2 盈余波动的描述性统计，分别从全样本、金融行业和非金融行业三个层面进行数据分析。

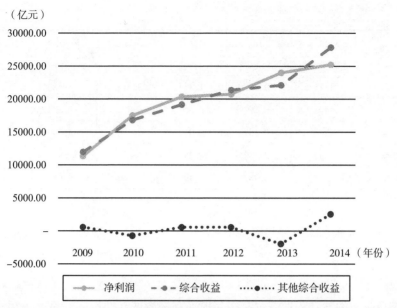

（亿元）

图 8-1 盈余波动趋势

表 8-2 盈余波动的描述性统计分析

变量	观测值	均值	中位数	标准差	最小值	最大值
Panel A：全样本						
δ_{RETit}	4324	0.899	1.367	3.915	−8.682	9.856
δ_{NIit}	4324	0.289	0.364	0.915	−2.534	1.955
δ_{OCIit}	4324	−0.211	−0.921	3.321	−7.734	7.459
$SIZE_{it}$	4324	13.160	12.970	1.244	10.920	15.410
LEV_{it}	4324	0.491	0.499	0.208	0.089	0.826
Panel B：金融行业						
δ_{RETit}	79	0.839	1.424	4.053	−8.682	9.856
δ_{NIit}	79	0.281	0.217	0.211	0.0416	1.043
δ_{OCIit}	79	−1.512	−1.732	4.301	−7.734	7.459
$SIZE_{it}$	79	14.910	15.410	1.157	11.440	15.410
LEV_{it}	79	0.731	0.826	0.222	0.089	0.826

续表

变量	观测值	均值	中位数	标准差	最小值	最大值
Panel C：非金融行业						
δ_{RETit}	4245	0.901	1.365	3.913	-8.682	9.856
δ_{NIit}	4245	0.290	0.369	0.923	-2.534	1.955
δ_{OCIit}	4245	-0.187	-0.910	3.296	-7.734	7.459
$SIZE_{it}$	4245	13.130	12.950	1.222	10.920	15.410
LEV_{it}	4245	0.487	0.496	0.205	0.089	0.826

（1）从全样本的角度共取得了4324个观察值，每股其他综合收益波动与每股净利润波动的均值分别是 -0.211 和 0.289，每股其他综合收益波动的标准差为3.321，而每股净利润波动的标准差为0.915，从波动程度来看，每股其他综合收益的波动程度明显高于每股净利润的波动性程度，每股净利润的波动较为平稳，该数据统计与图8-1的盈余波动图基本一致；其他综合收益波动性的均值和中位数均为负值，说明其波动的趋势以负向波动为主。

（2）从金融行业的角度取得的观察值为79个，非金融行业的观测值为4245个，金融行业样本规模较小，仅研究金融行业的盈余波动性得到的结论缺乏代表性和普适性。从金融行业的数据来看每股净利润的波动较为平稳，标准差为0.211；每股其他综合收益波动性的标准差最大为4.301，说明金融行业每股其他综合收益波动较为显著。非金融行业的数据基本与全样本数据一致。

对每股净利润波动性和每股其他综合收益波动性的虚拟变量分组的情况做以描述性统计，具体见表8-3盈余波动性虚拟变量的描述性统计，可以看出：

表8-3　　　　　　　　　盈余波动性虚拟变量的描述性统计

分组	变量	观测值	均值	中位数	标准差	最小值	最大值
$DNI_{it}=1$	δ_{NIit}	753	1.018	0.850	0.450	0.559	1.955
	δ_{OCIit}	753	-0.301	-1.676	3.989	-7.734	7.459
	DNI_{it}	753	1	1	0	1	1
	$DOCI_{it}$	753	0.466	0	0.499	0	1

续表

分组	变量	观测值	均值	中位数	标准差	最小值	最大值
$DNI_{it}=0$	δ_{NIit}	773	− 0.440	0.098	0.996	− 2.534	0
	δ_{OCIit}	773	0.043	1.263	4.272	− 7.734	7.459
	DNI_{it}	773	0	0	0	0	0
	$DOCI_{it}$	773	0.515	1	0.500	0	1
$DOCI_{it}=1$	δ_{NIit}	749	0.274	0.202	1.047	− 2.534	1.955
	δ_{OCIit}	749	3.405	2.258	2.228	1.136	7.459
	DNI_{it}	749	0.469	0	0.499	0	1
	$DOCI_{it}$	749	1	1	0	1	1
$DOCI_{it}=0$	δ_{NIit}	777	0.284	0.573	1.082	− 2.534	1.955
	δ_{OCIit}	777	− 3.531	− 2.294	2.283	− 7.734	− 1.587
	DNI_{it}	777	0.517	1	0.500	0	1
	$DOCI_{it}$	777	0	0	0	0	0

①每股净利润波动性最大组（$DNI_{it}=1$）时得到的观察值为 753 个，每股净利润波动值最小值为 0.559，最大值为 1.955，均值为 1.018；而每股净利润波动性最小组（$DNI_{it}=0$）时得到的观察值为 773 个，每股净利润波动值最小值为 − 2.534，最大值为 0，均值为 − 0.440。

②每股其他综合收益波动性最大组（$DOCI_{it}=1$）时得到观测值为 749 个，每股其他综合收益波动最小值和最大值分别为 1.136 和 7.459，均值为 3.405；每股其他综合收益波动性最小组（$DOCI_{it}=0$）时得到观测值为 777 个，每股其他综合收益波动最小值和最大值分别为 − 7.734 和 − 1.587，均值为 − 3.531。通过采用虚拟变量的分组有效区分了每股净利润和每股其他综合收益波动的程度和方向。

8.4.2　多元回归分析

（1）表 8 − 4 为模型 8 − 1 的实证检验结果，根据描述性统计，该回归分别从全样本、金融行业和非金融行业三个层面展开研究。

表8-4   综合收益波动的风险相关性实证检验结果

变量	全样本	金融行业	非金融业
δ_{NIit}	-0.107	-0.400	-0.108
	(-1.62)	(-0.16)	(-1.64)
δ_{OCIit}	0.055***	0.134	0.055***
	(3.05)	(1.21)	(3.00)
$SIZE_{it}$	-0.019	-2.316**	-0.017
	(-0.34)	(-2.26)	(-0.30)
LEV_{it}	-0.551	12.290**	-0.612*
	(-1.64)	(2.31)	(-1.80)
Constant	0.614	1.015	1.465**
	(0.57)	(1.27)	(2.16)
Observations	4324	79	4245
R-squared	0.400	0.476	0.400

注: *** 表示在1%的水平上显著; ** 表示在5%的水平上显著; * 表示在10%的水平上显著。括号内为相应的 t 值。

表8-4的多元回归结果分析如下:

①在全样本的实证检验中,每股其他综合收益的波动性与股票回报率的波动性在1%的水平上显著相关,相关系数为0.055,而每股净利润的波动性与股票回报率的波动呈负相关关系,但相关性并不显著。研究假设8-1中每股其他综合收益波动的风险相关性通过假设检验,而每股净利润波动未通过检验假设,从描述性统计的数据看,每股净利润主要由主营业务收入构成,一般较为平稳,而其他综合收益波动较大,充分反映了企业所处的风险,因此每股其他综合收益的波动性含有企业更多的风险信息含量,具有风险相关性。

②对于金融行业而言,三个解释变量均与自变量没有显著的相关关系,然而控制变量中总资产的自然对数和资产负债率分别显示出风险相关性,其中总资产的自然对数与股票回报的波动性在5%的水平上显著相关,相关系数为-2.316,说明资产规模越大企业面临的风险越小;资产负债率同样与股票回

报的波动性在5%的水平上显著相关，相关系数为12.290，说明了资产负债率越高，则企业面临的风险越大。

③对于非金融行业，与全样本的实证检验结果相近，即每股其他综合收益的波动性与股票回报率的波动性在1%的水平上显著相关，相关系数为0.055。

从上述实证研究结论可以看出，相对于净利润，其他综合收益的波动性更具有风险信息含量，部分通过假设8－1的检验。

（2）表8－5为模型8－2的实证检验结果。表8－5的第一列回归检验源自第7章中模型7－2的实证检验结果，用来与表8－5的第二列模型8－2检验结果相比较，模型8－2是在7－2的基础上考虑了盈余波动性的影响，增加了盈余波动性与盈余发生额交乘项的影响，回归结果如下：

表8－5　　　　　　　　　综合收益波动性的价值相关性实证检验结果

变量	(1) 模型7－2	(2) 模型8－2
BVE_S_{it}	−0.053	−0.059
	（−0.83）	（−0.90）
NI_S_{it}	6.400 ***	7.192 ***
	（14.18）	（14.88）
OCI_S_{it}	−1.554	−5.277 ***
	（−1.45）	（−2.84）
DNI_{it}		1.260 *
		（1.74）
$DOCI_{it}$		−0.160
		（−0.25）
$NI\_S_{it} * DNI_{it}$		−3.211 ***
		（−4.60）
$OCI\_S_{it} * DOCI_{it}$		5.440 **
		（2.33）
Constant	6.122 *	5.727 *
	（1.88）	（1.74）

变量	(1)	(2)
	模型 7 – 2	模型 8 – 2
Industry Effects	Y	Y
Year Effects	Y	Y
Observations	1526	1526
R-squared	0.309	0.319

注：*** 表示在1%的水平上显著；** 表示在5%的水平上显著；* 表示在10%的水平上显著。括号内为相应的 t 值。

①每股净利润在基本模型 7 – 2 的实证检验结果为与股票价格具有 1% 水平的显著正相关关系，而在考虑了盈余波动因素之后每股净利润依然保持 1% 水平上的显著相关关系；每股净利润波动（DNI_{it}）也显示出与股票价格在 10% 水平上的显著正相关关系；每股净利润与每股净利润波动的交乘项（NI_{it} * DNI_{it}）在 1% 的水平上与股票价格呈负相关关系，相关系数为 – 3.211，说明资本市场对每股净利润的波动具有敏感度。每股净利润正向波动性对每股净利润价值相关性的影响小于每股净利润负向波动对每股净利润价值相关性的影响，差额系数为 – 3.211，说明每股净利润负向波动对资本市场影响更大。

②每股其他综合收益在模型 8 – 2 中与每股股票价格不具有价值相关性，在加入每股其他综合收益波动信息之后通过了 1% 的价值相关性显著检验，系数为 – 5.277。然而每股其他综合收益波动并不具有显著的价值相关性，虽然在模型 8 – 1 的检验中得到的结论表明每股其他综合收益波动具有风险信息含量，但是市场并没有察觉其中的附加风险，并反映到股票价格中。而每股其他综合收益波动和每股其他综合收益当期发生额的交乘项通过了 5% 的显著性检验，说明资本市场在运用其他综合收益信息时考虑到每股其他综合收益的波动因素，且每股其他综合收益波动的程度对其他综合收益价值相关性的影响较大，当每股其他综合收益的波动处于正向波动组（P – OCI）时，每股其他综合收益与股票价格显著正相关，即每股综合收益越大则股票价格越高，而当每股其他综合收益的波动处于负向波动组（N – OCI）时每股其他综合收益与股票价格显著负相关，即使每股综合收益越大则股票价格越小。

综上所述，从波动程度来看，每股净利润的波动具有显著的价值相关性，而每股其他综合收益的波动则不具有价值相关性，假设 8 - 2 未通过检验。两类盈余不同方向的波动对盈余的价值相关性产生不同的影响，其中每股净利润正向波动性对每股净利润价值相关性的影响小于每股净利润负向波动对每股净利润价值相关性的影响，而每股其他综合收益正向波动时每股其他综合收益与股票价格显著正相关，负向波动时每股其他综合收益与股票价格显著负相关，假设 8 - 3 通过检验。此外，从两个模型的拟合优度来看，第一列未考虑盈余波动影响的价格模型的 R^2 为 0.309，而第二列考虑了盈余波动影响的价格模型的 R^2 为 0.319，说明对股票价格的解释力增强。

8.5　稳健性检验

考虑到 2014 年我国会计准则关于综合收益会计信息披露的变更可能会影响到综合收益波动，使得 2014 年综合收益波动来源不仅受到市场的影响还可能受到会计政策的影响，上述影响因素可能与 2011～2013 年综合收益波动的影响因素不一致，因此在稳健性检验中剔除了 2014 年的研究样本，取得总的观测值为 3062 个。其中，金融行业为 54 个，非金融行业为 3008 个。实证回归检验结果与之前的回归结果一致，说明在剔除了会计政策影响下的综合收益波动性仍具有风险信息含量。

8.6　结论及启示

8.6.1　研究结论

在我国 2007 年以前披露的会计信息主要是以历史成本计量为基础，2007年之后新的企业会计准则将"资产负债表观"和"决策有用性"作为财务报告的主要观点和目标，因此，本书基于综合收益波动性的研究也是围绕着检验波动性是否具有风险相关性和价值相关性而展开。之前的文献一般将两者分开做研究，然而本书认为盈余波动的风险相关性和价值相关性应作为一个整体进行研究，一方面检验盈余波动的风险信息含量，另一方面检验与波动相关的风险信息是否被市场察觉并反映到股票价格之中。本书的实证研究结果显示：

（1）每股其他综合收益的波动性更易受到经济波动和金融市场波动的影响，其波动幅度显著高于净利润。相对而言，每股净利润的波动性更易受会计政策选择和盈余管理动机的影响。

（2）从风险信息含量的角度看，每股其他综合收益的波动性与股票回报率的波动显著正相关，该结论仅适用于非金融行业，而对于金融行业盈余的波动并不具有风险相关性。

（3）从盈余波动的价值相关性来看，每股净利润波动具有显著的价值相关性，而每股其他综合收益波动不具有价值相关性；然而盈余的波动，尤其是不同方向的波动均对盈余的价值相关性产生显著的影响。

8.6.2　启示

综合收益是既包括已实现收益又包含未实现收益的会计基础业绩指标，这些有着不同会计信息含量的业绩指标的波动能捕捉上市公司正在或者即将面临的各种不同风险，因此，对以上研究可得到以下启示：

（1）综合收益的波动性不容忽视，且其已实现收益和未实现收益的波动，尤其是未实现收益的波动具有风险的信息含量，然而从盈余波动的价值相关性检验来看，会计信息使用者仍然较为看重传统的净利润波动影响，而忽视了其他综合收益波动的影响。

（2）盈余的波动性对盈余价值相关性产生间接的影响，投资者在关注盈余本身的同时会考虑盈余的正向波动和负向波动，且加入盈余波动信息的价格模型拟合优度更高，对股票价格具有更强的解释力。

| 第 9 章 |

综合收益对证券分析师盈利预测的影响

综合收益的价值相关性研究多关注的是综合收益与资本市场之间的关系，资本市场的信息使用者是多元的，本章将资本市场信息需求方进行细分，证券分析师作为财务报表的专业使用者，在解读信息专业性和时效性方面要显著高于非专业投资者（拉姆纳等学者，2008），因此，证券分析师在进行盈利预测时是否受到综合收益的影响还有待进一步的实证检验。对于净利润与证券分析师之间的关系，已有文献进行详细的阐述，因此本章主要是针对综合收益相对于净利润的增量信息其他综合收益与分析师预测的影响而展开研究。

9.1 综合收益与证券分析师预测文献评述

崔和赞格（2006）运用美国的上市公司数据研究其他综合收益和证券分析师盈利预测之间的关系。研究发现，综合收益与证券分析师预测更正和预测误差显著相关，他们发现综合收益信息披露之后分析师的非对称性行为，当综合收益低于净利润时分析师倾向于向下修正未来年度的盈利预测，而当综合收益大于净利润时分析师并未向上修正未来年度的盈利预测，崔和赞格（2006）的研究表明，未实现损失较未实现收益更具有信息含量，这一结论也体现了会计的稳健性原则。接下来本书从分析师预测作用、分析师预测的信息运用以及分析师预测准确性和误差三个方面展开文献评述。

9.1.1 分析师预测的作用

分析师的工作职能是向投资者传递股票买卖的信息，并出具相应的报告证明和支持分析师的观点。分析师需要获取充分的信息以提供最为精确的信息，并运用估值与预测模型对这些信息进行加工和整理。在半强有效市场下，这些模型作出的盈利预测精确程度最高，这些信息的综合反映出了市场的预期。根据苏格南和野村（2001）指出分析师对信息进行加工和处理后，作出的盈利预测所反映的企业价值的信息含量高于企业提供的关于当期盈利、净资产和股利等会计信息。

欧和塞佩（2002）基于分析师预测研究当期盈余相关性关系，结果表明，随着分析师预测意见不一致程度的增大，当期盈余呈现负向的价值相关性，即分析师预测的差异越大，当期盈余的价值相关性越小；反之则当期盈余的价值相关性越大，该文说明了分析师预测的准确程度和分析师预测意见的一致程度与企业当期收益的价值相关性具有显著的相关关系。从上述研究可以看出，分析师预测信息在企业估值过程中具有信息含量，尤其是在研究财务报表各项目的信息含量时，有必要研究分析师预测的影响。

9.1.2 分析师预测的信息运用

在分析师预测过程中常运用的是收益相关的会计信息，尤其在进行盈利预测过程中盈余信息是其核心指标（普雷维茨等学者，1994）。此外分析师预测过程中还会参考企业的其他信息，例如，企业的收入预期以及管理层盈利预测等（姜，2010）。除了上述持续性信息，分析师的专业性还体现在对于非持续信息的甄别和筛选，将有用的信息运用到盈利预测中（顾和陈，2004）。

证券分析师在盈利预测中较少采用奥尔森剩余收益模型，而是更多采用简单的模型。例如，采用 Price-earnings-growth（PEG）乘数（德米拉科斯等学者，2004）将证券分析师盈利预测与企业定价目标结合起来（布拉德肖，2004）。赫斯特和霍普金斯（1998）采用实验研究的方法检验买方证券分析师是否能够通过综合收益及其各组成部分的报告识别企业的盈余管理行为，并且改变其对股票价值的预期。该文采用 3 * 2 的研究设计，安排 96 名具有多年财务分析经验的买方证券分析师和投行经理，实验包括三项信息披露场景：（1）SFAS130颁布之前未要求披露综合收益信息（NO－CI）；（2）在所有者权益变动表中披露综合收益（CI－SCE）；（3）在利润表或者综合收益表中单独披露综合收益（CI－IS），盈余管理发生在证券销售、确认收益以及安全证券的回购，因此，在设置的六类场景中无论是否存在盈余管理行为，综合收益都是一致的。此外在资产负债表中均披露了累计其他综合收益信息。赫斯特和霍普金斯（1998）发现 CI－IS 情况下企业的会计信息透明度最高，管理层盈余管理行为最弱，同时在财务报告中披露的综合收益会计信息可以影响分析师盈利预测，且当综合收益在利润表中披露时对分析师盈利预测的影响大于在所有者权益变动表中披露。

9.1.3　分析师预测准确度与分析师预测误差影响因素

分析师对于企业好消息和坏消息的反应呈现出非对称性，对好消息往往出现过渡反应，而对坏消息却表现出反应不足（乔普拉，1998；伊斯特伍德和纳特，1999；康蒂雷夫，2007），因此导致买方分析师形成明显乐观的分析师预测误差，而卖方分析师形成明显悲观的预测误差（埃姆斯等学者，2002）。分析师预测的准确度依赖于多种因素，包括股票跟随数量（赫斯特等学者，2004）、公司信息披露质量（哈里斯等学者，2000；达利瓦等学者，2011；霍普，2003）和公司治理质量（布哈特等学者，2006）、分析师的教育水平和经验（克莱门特，1999）、审计质量（贝恩等学者，2008；佩恩，2008）、信息的复杂程度和可信赖程度（霍德等学者，2008；莱哈维等学者，2011）以及公司的政治关联（陈等学者，2010）。

顾和吴（2003）发现盈余偏度与分析师预测误差显著相关，分析师的目标是提高预测的准确度，降低预测误差，然而由于公司规模、分析师跟随公司的数量、分析师预测的离散程度、交易数量、预期净资产收益率等（布拉德肖，2009；法恩等学者，2006；韩和曼里，2001；拜尔和古德曼，2011）的影响，分析师预测误差依然存在。

艾哈迈德等学者（2005）发现证券分析师无法区分操纵性应计项目和非操纵性应计项目。强（2005）发现虽然证券分析师在进行盈利预测过程中从22类信息中提取45%～83%的有用信息，作为会计稳健性和暂时性盈余的替代信息以提高未来盈余预测信息的有用性。如果其他综合收益项目是暂时性且分析师作出暂时性的判断，则其他综合收益项目与分析师盈利预测不相关；如果其他综合收益项目是暂时的而分析师认为是持续的信息，则其他综合收益项目与分析师盈利预测以及预测误差显著相关；如果其他综合收益项目是持续性信息且分析师作出持续性信息的判断，则其他综合收益项目与分析师预测以及分析师预测准确度显著相关。

巴斯和赫顿（2004）检验了分析师盈利预测信息的修正是否反映了盈余持续性的信息以及上述信息是否在股票市场反映出来。文章发现在控制了当期应计项目之后分析师预测信息修正与未来影响盈余的应计项目的改变显著正相关，此外他们还发现存在持续应计项目和盈利预测修正的公司盈利的持续性较低，但是对于低持续应计项目该文并未得到与分析师预测相关的结论。

目前心理实验研究证实了会计信息使用者无法准确理解和运用公允价值利得和损失中涵盖的会计信息，尤其是因以下情况产生的公允价值变动利得和损失：（1）与信用风险相关的公允价值利得和损失（盖诺等学者，2011）；（2）公允价值变动情况因金融工具是资产或者负债而存在差异；（3）是否公允价值变动产生利得或者损失（库恩斯等学者，2011）。其他综合收益的具体项目以公允价值变动利得和损失为主，对此一般的会计信息使用者可能难以作出正确的判断，而证券分析师作为专业的会计信息使用主体可以对这部分会计信息作出准确的运用和判断，因此，检验综合收益信息有用性时需要和分析师盈利预测结合起来。根据之前的研究，其他综合收益相对净利润的比重将与分析师预测误差相关，因为其他综合收益的复杂性将导致分析师对未实现利得和损失的实现时间作出错误的判断和估计。

9.2　理论分析和研究假设

现阶段国内外文献大多从股票回报率以及资本市场反应的角度检验其他综合收益的价值相关性，这些研究主要是基于决策有用性理论而展开，通过比较与净利润在定价、预测能力以及持续性特征上的差异来研究其他综合收益的信息增量，上述研究主要是运用综合收益及其具体项目会计信息进行检验，然而对于专业证券分析师，在进行盈利预测时不但要充分获取企业的财务信息和非财务信息，而且对会计信息进行选择、加工整理、分析和归纳，因此之前关于综合收益信息决策有用性的研究主要是基于原始的会计信息，该研究方法符合理论研究特征，但并不适用于证券分析师等专业的会计信息使用者对于企业信息的处理，因此，本书从证券分析师盈余误差的视角检验综合收益信息披露的影响。

国外学者常用分析师盈余预测作为衡量报表使用者对解读报表信息的代理变量，其原因在于分析师群体已经成为资本市场信息解读、传递的重要中介机构，对于分析师预测和综合收益的关系，赫斯特和霍普金斯（1998）研究发现，披露其他综合收益能够帮助证券分析师识别管理层的盈余管理活动，降低盈余预测的误差，且相比在所有者权益变动表中披露，通过利润表披露其他综合收益能够更加显著的降低分析师的盈余误差，说明选择在不同财务报表位置披露其他综合收益会产生不同的经济后果。我国目前鲜有从证券分析师视角研究其他综合收益的文献。

本书试图从证券分析师的角度研究综合收益信息披露的效果，比较 2009 年新的企业会计准则规范前后综合收益信息披露对证券分析师预测误差的影响。如果 2009 年后披露其他综合收益提供了比以往净利润更为丰富的增量信息，而且同时财务报表使用者又能够解读使用该信息进行决策判断，则体现在证券分析师群体上的直接经济后果就是减少预测成本，降低预测误差。因此，本书认为企业披露其他综合收益后，证券分析师预测误差出现了差异，并提出如下假设：即其他综合收益信息披露后，其他综合收益对分析师预测误差产生影响。

9.3 样本选择和研究设计

9.3.1 样本选择及数据来源

本书选择 2009～2014 年度中国境内沪深主板 A 股上市公司作为研究样本，该研究样本剔除了 ST、﹡ST、SST 以及分析师预测数据和财务数据不可获得的企业。财务报表以及分析师预测数据均来自 CSMAR 数据库。为避免异常值的影响，对模型中各个变量上下 1% 分位数范围内的数据进行 Winsorize（缩尾）处理，最终取得 2649 个观测值。

9.3.2 研究设计

根据上述分析，本书通过构建以下模型来检验其他综合收益信息披露对证券分析师盈余预测准确性的影响：

$$
\begin{aligned}
Error(Y)_{it} = {} & a_1 + a_2 DOCI_i + a_3 Enforce_i + a_4 DOCI_i \times Enforce_i + a_5 Anano_{it} \\
& + a_6 VarEarn_{it-1} + a_7 Loss_{it} + a_8 Lev_{it-1} + a_9 Ev_{it-1} \\
& + Year + IND + \varepsilon_{it}
\end{aligned}
\tag{9-1}
$$

9.3.3 变量解释及说明

1. 因变量

本书采用分析师盈余预测误差来衡量分析师的预测准确性，借鉴达恩等学者（2012）对分析师盈余误差（Error）的衡量方法，将分析师群体预测每股收益（FC）与实际每股收益（EPS）平均误差的绝对值除以年初股票价格（P）作为度量分析师预测准确性的指标。

$$Error(Y)_{i,t} = \frac{1}{N} \sum_{j=1}^{N} |FC_{i,t,j}^{Y} - EPS_{i,t}^{Y}| /P_{i,t}$$

其中，下标 i、t、j 分别代表预测企业对象 i、预测发生年度 t 以及分析师 j。指标 Y 取值 0、1、2，表示在当期分析师个体预测本年度、下一年度和两年后的每股收益预测值。由于随着预测时间的增长，不确定因素的增加将导致分析师预测准确性的降低，因此本章区分了证券分析师个体的预测时效。本章将分析师预测时效限制在两年内，是因为分析师个体很少预测两年后的企业盈余，而且预测样本数量在时效第三年显著降低。

2. 解释变量

本书采用沪深上市公司 2009～2014 年的季度数据来划分其他综合收益在企业经营活动中地位：当企业存在一个季度其他综合收益发生额高于净利润金额时，就将这一类企业定义为其他综合收益重要性高样本（H－OCI）；而存在一季度其他综合收益发生额高于当季度净利润金额的 10%，且每一季度其他综合收益发生额均低于净利润时，将其定义为从中等重要性样本（M－OCI）；剩余样本的季度其他综合收益发生额均低于当期净利润金额的 10%，并划分为低重要性样本（L－OCI）。上述发生额均采用绝对值进行比较。在研究设计中我们进一步选取重要性高样本（H－OCI）和低样本（L－OCI）作为研究对象，并设置重要性变量（DOCI）。当其他综合收益重要性高时（H－OCI），DOCI 取 1；反之属于低样本（L－OCI）范围时，DOCI 取 0。

此外在研究其他综合收益披露会计准则前后阶段分析师预测准确性的差异时，本书构建了准则实施虚拟变量（Enforce）：在其他综合收益强制披露阶段（2009～2014），准则实施变量（Enforce）取 1，未强制披露阶段（2007～2008）则取 0。

3. 控制变量

本书同时引入了一系列相关控制变量来加强分析师预测准确性和其他综合收益重要性之间的相关关系。达恩等学者（2012）在研究中控制了分析师个数变量，认为分析师跟随个数越多意味着对该企业预测市场需求越高，激励分析师花费更多成本来提高预测准确性。因此，在模型中控制了跟踪分析师数目（Anano），衡量方式为该公司在当期跟踪分析师数目的自然对数。迪切夫和唐（2009）研究指出盈余波动性越大的企业会对分析师的预测造成更大的不确定性，因此本书引入历史每股收益波动性变量（VarEarn），以分析师预测时点前三年实际每股收益（EPS）的方差来进行度量，本书预期历史每股收益波动性与分析师预测误差正相关。同样奥普（2003）的研究认为当企业年报净利润为负时，分析师盈余预测更困难、误差更大，因此本书加入亏损虚拟变量（Loss），当预测年度企业净利润为负时取1，否则取0。最后本书进一步控制了经营现金流量负债比例（Ev）、负债杠杆水平（Lev）以及预测年度和企业所在行业等变量。

4. 变量解释及说明

具体变量见表9－1。

表9－1 变量解释及说明

变量性质	变量代码	变量名称及说明
因变量	Error	证券分析师盈利预测误差
自变量	DOCI	虚拟变量，当其他综合收益重要性高时（H－OCI），DOCI取1；反之属于低样本（L－OCI）范围时，DOCI取0
	Enforce	虚拟变量：在其他综合收益强制披露阶段（2009~2014），Enforce取1，未强制披露阶段（2007~2008）则取0
控制变量	Anano	跟踪分析师数目的自然对数
	VarEarn	每股收益波动性变量
	Loss	虚拟变量，当预测年度企业净利润为负时取1，否则取0
	Ev	经营现金流量负债比
	Lev	负债杠杆水平
	IND	行业虚拟变量
	YEAR	年份虚拟变量

9.4　实证结果和数据分析

9.4.1　描述性统计分析

本书首先对其他综合收益重要性程度按照所属行业进行划分，具体见表9－2。可以看出其他综合收益高重要性组（H－OCI）与低重要性组（L－OCI）分别为1078家和1167家企业，两类数据差异度较小，为本书后续的研究提供了充足的样本保障。此外，通过行业统计发现，只有农林牧渔业、金属制造业、建筑业、住宿餐饮业、租赁服务业等行业的其他综合收益高重要性组和低重要性组基本一致，其他行业均存在较大差异。例如，金融业的高重要性组和低重要性组分别是25家和1家企业，表明其他综合收益信息具有行业属性，其他综合收益信息的披露可以帮助会计信息使用者分析上述行业内的企业。同时说明了研究其他综合收益时不能忽略金融业等行业，而我国现阶段相关文献的研究样本往往剔除了金融行业（王鑫，2013）。

表9－2　　　　　　　　　　行业统计

Industry	L－OCI	M－OCI	H－OCI	Total
农、林、牧、渔业	20	2	19	41
采矿业	32	14	25	71
制造业：食品/烟/酒	50	14	41	105
制造业：纺织/皮革	37	15	27	79
制造业：木材/家具等	27	14	19	60
制造业：化学/橡胶等	220	59	149	428
制造业：金属	88	38	84	210
制造业：机械设备	322	101	242	665
制造业：运输	52	27	50	129
制造业：其他	10	1	7	18

续表

Industry	L – OCI	M – OCI	H – OCI	Total
电、热、燃气及水生产和供应业	32	15	43	90
建筑业	26	15	27	68
批发和零售业	42	33	84	159
交通运输、仓储和邮政业	23	12	56	91
住宿和餐饮业	6	1	7	14
信息传输、软件和信息技术服务业	76	19	43	138
金融业	1	18	25	44
房地产业	49	27	71	147
租赁和商务服务业	10	6	10	26
科学研究和技术服务业	12	1	2	15
水利、环境和公共设施管理业	15	3	11	29
教育	0	0	1	1
卫生和社会工作	4	0	0	4
文化、体育和娱乐业	10	1	17	28
其他	3	3	18	24
合计	1167	439	1078	2684
占比	43.48%	16.36%	40.16%	—

表 9 – 3 为核心变量的描述性统计，结果表明：

表 9 – 3   变量描述性统计

变量	H – OCI			L – OCI			Difference	
	No.	Mean	Median	No.	Mean	Median	T-stat	Z-stat
Error(0)	2649	0.018	0.011	2602	0.015	0.009	4.187 ***	5.761 ***
Error(1)	1998	0.032	0.023	1861	0.030	0.021	1.920 **	1.932 **
Error(2)	1231	0.042	0.032	1069	0.038	0.029	2.277 ***	1.876 **
VarEarn	2649	0.072	0.013	2602	0.078	0.017	− 0.819	4.034 ***
Anano	2649	1.545	1.609	2602	1.752	1.946	7.157 ***	7.191 ***

变量	H – OCI			L – OCI			Difference	
	No.	Mean	Median	No.	Mean	Median	T-stat	Z-stat
Loss	2649	0.050	0	2602	0.029	0	3.987 ***	3.972 ***
Lev	2649	0.492	0.486	2602	0.425	0.349	1.170	15.624 ***
Ev	2649	0.158	0.087	2602	0.256	0.148	5.769 ***	9.775 ***

注：*** 表示在 1% 的水平上显著；** 表示在 5% 的水平上显著。

（1）分析师预测误差逐年递增，该结论同时适用于其他综合收益高重要性组和低重要性组。

（2）虽然两组样本前 3 年历史每股收益波动性（VarEarn）的均值差异不显著，但是通过了中位数差异显著性检验（0.013 vs 0.017），意味着高重要性组的盈余波动性要低于低重要性组；分析师跟踪个数变量（Anano）在其他综合收益高重要性组要显著低于低重要性组（1.545 vs 1.752），表明证券分析师更倾向于跟踪其他综合收益重要性低的企业；在其他综合收益高重要性组企业亏损年度的比例要显著高于低重要性组（0.050 vs 0.029），表明高重要性组企业的预测难度更大。

此外，对于其他综合收益不同重要性程度均通过了 T 检验和 Z 检验，说明了不同组别的变量平均值和中位数均存在显著差异。

9.4.2　多元回归分析

表 9 - 4 列示了在其他综合收益信息披露前后，证券分析师预测准确性的双重差分模型回归结果。结果分析如下：

表 9 - 4　　　　综合收益强制信息披露与分析师预测的回归结果

变量	（1）	（2）	（3）
	Error(0)	Error(1)	Error(2)
DOCI	0.005 **	– 0.002	0.001
	(2.28)	(– 0.51)	(0.16)

续表

变量	(1)	(2)	(3)
	Error(0)	Error(1)	Error(2)
Enforce	0.006 ***	− 0.008	0.043 ***
	(3.27)	(− 1.56)	(8.13)
DOCI * Enforce	− 0.003 *	0.004	0.001
	(− 1.81)	(1.32)	(0.28)
Anano	− 0.003 ***	0.000	0.006 ***
	(− 7.99)	(0.60)	(5.00)
VarEarn	0.001 *	0.006 ***	0.004 **
	(1.83)	(4.04)	(2.17)
Loss	0.024 ***	0.016 ***	0.014 **
	(13.89)	(4.46)	(2.32)
Lev	0.000	0.001 ***	0.018 ***
	(0.81)	(2.66)	(4.90)
Ev	− 0.002 ***	− 0.005 ***	− 0.009 ***
	(− 3.14)	(− 3.83)	(− 3.05)
Constant	0.008 **	0.036 ***	0.004
	(2.22)	(3.46)	(0.34)
Year	Controled	Controled	Controled
Industry	Controled	Controled	Controled
Observations	7344	5872	4091
R-squared	0.078	0.131	0.179

注: *** 表示在 1% 的水平上显著；** 表示在 5% 的水平上显著；* 表示在 10% 的水平上显著。括号内为相应的 t 值。

（1）本部分研究的重点是交互项（DOCI * Enforce），与分析师当期预测误差相关系数为 − 0.003，在 10% 的置信水平上显著相关，说明综合收益在强制披露之后为证券分析师提供了增量的信息，降低了分析师预测误差。本书又进一步检验了分析师预测一年和两年间隔的盈余预测误差回归结果，发现交互项系数均不显著，表明证券分析师预测具有短期性，分析师在盈利预测过程中无法充分识别和利用其他综合收益信息中的长期变动趋势。

（2）从综合收益重要性程度可以看出，当分析师预测误差为 Error（0） 时其他综合收益重要性水平（DOCI）的系数为 0.005，在 5% 的水平上显著相关，说明相对于重要性水平低组，其他综合收益重要性水平高组增加了分析师预测误差，对分析师预测产生负面的影响；而对 Error（1） 与 Error（2） 均不具有显著的相关性。

（3）对于企业会计准则实施变量（Enforce）对分析师预测误差 Error（0）、Error（1）、Error（2） 的系数分别为 0.006、-0.008 和 0.043，其中在 Error（0）和 Error（2） 均通过了 1% 的显著性检验，而在 Error（1） 时不具有显著的相关性，表明随着时间移动分析师预测的误差在变大，可能的解释是现阶段企业运营活动、所处环境越来越复杂，分析师在同样的条件下要付出更多的精力进行预测。

（4）从控制变量的实证结果可以看出，分析师跟随个数（Anano）在预测当期与预测误差在 1% 水平上呈显著负相关关系，该实证结果与达恩等学者（2012）的研究结果一致，即分析师跟随个数越多表明该企业预测市场需求越高，分析师会花费更多成本来提高预测准确性；历史盈余波动性变量（VarEarn）对当期以及以后期间的分析师预测误差均呈显著正相关关系，表明企业历史盈余变动幅度越大分析师预测误差越大，历史盈余波动性增加了分析师预测的难度，降低了分析师预测的准确性；企业亏损变量（Loss）系数显著为正，该实证检验结果与奥普（2003）的研究结论一致，即当企业年报净利润为负时，分析师盈余预测更困难、误差更大。

综上所述，通过实证研究证实了本章的假设检验，即其他综合收益信息披露之后其他综合收益对分析师预测误差产生影响，其他综合收益的信息披露为证券分析师提供了增量的信息，提高了预测信息的准确度。但是其他综合收益对分析师预测准确程度的影响持续性较短，在本书第 4 章综合收益预测能力的分析中我们得出综合收益和其他综合收益具有预测能力，然而在分析师盈利预测中仅在预测当期利用综合收益的会计信息，并未在远期的预测中充分考虑综合收益带来的增量信息。

9.5 结论及启示

本章以证券分析师盈余预测作为研究视角，研究了我国其他综合收益的价值相关性特征，并对其他综合收益信息披露前后阶段分析师盈余预测准确性变动进行了实证研究。结果表明，其他综合收益信息披露后，分析师对其他综合收益重要性高的企业盈余预测准确性有提高，结论支持现阶段分析师通过解读其他综合收益信息进行盈余分析预测。此外分析师盈利预测中仅在预测当期利用综合收益的会计信息，并未在远期的预测中充分考虑综合收益带来的增量信息。

针对现阶段其他综合收益研究进程以及本书的研究结论，本书对未来会计准则制定和学术研究提出以下建议：

第一，从概念框架上明晰其他综合收益的定义，目前我国会计准则和国际会计准则主要采用排除法对其他综合收益予以界定，因此，其他综合收益与净利润缺乏准确的确认依据，导致会计信息的供给方无法客观的提供相关可靠的会计信息，即使会计信息使用者是具有专业能力的证券分析师，仍然无法充分地运用综合收益会计信息，因此，需要明细其他综合收益的概念和确认计量依据，将有助于提高会计信息的供给质量，帮助财务报表使用者进一步把握其他综合收益的重要性，提高其对综合收益的认识和应用地位。

第二，证券分析师作为专业的会计信息使用者，在综合收益信息披露之后能够迅速吸收并运用这部分会计信息，提高盈利预测的准确性，然而随着综合收益中其他综合收益比重的增加，与之相关的各种风险并未被分析师识别，反而增加了分析师的预测难度和误差，因此证券分析师应该提高与市场风险相关的风险识别和预警能力，从综合收益的各项信息中提取有利于盈利预测的会计信息，降低分析师预测的成本及误差。

| 第 10 章 |

综合收益未来研究方向的探讨

经济业务决定了综合收益会计信息的构成与范围，随着经济业务的不断拓展与创新，综合收益的会计信息也呈现多元化与延展性的特征，其他综合收益作为综合收益重要的构成部分，在价值相关性、风险相关性以及业绩评价中的作用还有待进一步展开研究。

10.1 其他综合收益价值相关性的未来研究展望

目前已有的研究主要采用长窗口期（long-window）检验其他综合收益与股价之间的关系，通过多期实证研究，证明其他综合收益的价值相关性。然而，价值相关性的研究还可以采取短窗口（short-window）检验方法，通过其他综合收益会计信息披露之后的市场反应研究价值相关性问题。班伯等学者（2010）提出了短窗口期的研究方法，用以反映利润表披露的会计信息是否被市场识别并反映出来。从研究的可行性方面，我国上市公司在季报中已披露综合收益会计信息，因此，从数据上可以实现短窗口期的会计研究。

根据我国企业会计准则，其他综合收益会计信息披露的位置在 2014 年前后发生很大的变化。2014 年之前其他综合收益会计信息主要在所有者权益变动表中披露，而 2014 年之后其他综合收益在利润表中披露，对此会计信息披露的变化，投资者的反应值得做进一步的研究。此外，对于 2014 年之后披露的其他综合收益，对于其他综合收益信息披露可能存在内生性问题，例如对于企业持有的金融资产，企业会计准则允许根据管理层持有金融工具意图而分为可供出售金融资产和交易性金融资产，当综合收益在利润表中充分披露时，这两部分的公允价值变动损益可以直接获取，作为企业管理者可能会因为会计信息披露规则的变化直接影响企业的经营管理行为，因此在研究投资者反应的同时还需要考虑管理层信息披露的影响因素。

班伯等学者（2010）指出综合收益列示相关的研究应当考虑重分类调整的影响。董等学者（2014）研究了可供出售金融资产重分类调整的价值相关性，然而在其他合收益的具体构成项目中，存在重分类调整的并非只有可供出售金融资产，当然董等学者（2014）研究的重点并非综合收益，而是关注公允价值会计计量属性下的摊余成本问题，基于可供出售金融资产重分类调整实现的收益，从这一方面也说明了可以从其他综合收益重分类调整的视角研究公允价值会计问题。

10.2 其他综合收益风险相关性的未来研究展望

关于综合收益是否在利润表中列示，其中的争议在于，与净利润相比，其他综合收益更具有波动性，而这种波动性会影响投资者对公司风险的评估（赫斯特和霍普金斯，1998）。因此，霍德等学者（2006）、卡恩和布拉德伯里（2014；2015）以及布莱克（2014）均围绕风险相关性展开研究，然而与其他综合收益价值相关性相比，风险相关性的研究还比较少，未来有必要对综合收益、其他综合收益以及累计综合收益的风险相关性展开进一步的研究。

（1）企业的可供出售金融资产和现金流套期保值项目可以用来对冲利率风险，尤其在利率变动较大的情况下，企业运用一系列多元化金融工具和金融衍生工具，可以降低企业面临的系统风险。因此，其他综合收益中具有对冲风险性质的项目如何影响风险相关性还是一个悬而未决的问题。根据布莱克（2014）的研究，其他综合收益与累计其他综合收益中的主要构成项目的波动性与风险呈负相关关系，但是作者并未对这种负相关关系展开深入的阐述，这种负相关关系是否由于风险对冲的特性还需要进一步验证。

（2）设定收益期间的养老金是其他综合收益中不可重分类调整的项目，这部分金额的发生受到管理层决策的影响较大。随着我国对这部分养老金信息披露要求的规范以及越来越多的企业推行养老金制度，这部分会计信息逐渐凸显出来，并成为其他总额收益中不可重分类调整的重要组成项目，从本质上讲，设定收益期间的养老金需要企业相关人员的专业预测能力，此外管理层也可能通过盈余管理调整这部分养老金，因此设定收益期养老金项目是传递企业人员的专业素质，还是企业盈余管理的结果，而这部分信息披露之后是否被投资者识别还有待进一步研究。

（3）根据企业会计准则，企业持有的可供出售金融资产和交易性金融资产，其未实现的利得与损失分别列入其他综合收益变动损益和公允价值变动损益，则对于同类型的金融工具是否在不同的确认情况下具有不同的风险信息含量，在已有的研究中并未关注该问题。

（4）已有文献研究会计盈余波动与盈余管理之间的关系（李等学者，2006；埃米尔等学者，2010），李等学者（2006）检验了可供出售金融资产出售行为背后是由于优序选择还是盈余管理问题。赫斯特（2006）对李等学者（2006）的研究做了评述，指出要想厘清会计盈余波动与盈余管理之间的关系，还需要在此研究基础上做一些补充的研究：（1）从跨组织层面和跨时间层面说明其他综合收益波动的程度以及波动的原因；（2）作出优序选择的企业将这部分信息列示于所有者权益变动表中，则投资者、债权人以及监管部门是否会忽略这部分会计信息。由此可见，其他综合收益波动受到内外部因素共同作用的影响，外部因素是经济环境的变化，而内部因素则来源于管理层的经营决策。

布莱克（2014）检验了管理层决策对其他综合收益信息的影响，然而在论文中并未说明这种决策行为是出于优序选择还是为了实现业绩考核而进行的盈余管理。巴顿等学者（2010）检验了八项业绩评价指标，最终指出营业利润、净利润与综合收益三项会计指标最为稳健。然而业绩评价指标的稳健性在长窗口期存在差异，可能在一定期间内一项业绩评价指标是稳定的，而在另一段时间该项业绩评价指标就表现为极大的波动性，因此稳健性是相对的。

（5）管理层在减少绩效指标波动性方面的行为，产生的经济后果是什么，这其中会计准则是如何影响管理层行为的？埃米尔等学者（2010）指出企业会计准则对会计信息披露的要求导致管理层采取相应的措施，以降低业绩指标的波动性。张（2009）指出 SFAS 133 号企业会计准则对金融衍生工具的信息披露要求，减少了企业的无效对冲风险行为。上述研究均说明企业管理层在减少业绩指标波动性方面，采取有效的措施和行为。

10.3 其他综合收益在契约合同中的运用

契约合同渗透企业运行的各个方面，在企业的投资、融资、运营过程中均需要契约合同对交易双方的权益与义务予以明确。因此契约的主体对会计信息的获取并作出的判断也会影响到契约的制定。缺乏约束的契约就是一纸空文，那么契约双方是否会关注综合收益，并将综合收益的相关会计信息运用到契约合同中，本部分研究展望将从契约合同类别不同方面分别说明。

1. 综合收益与债务契约合同

综合收益持续性与契约合同有用性之间的关系。在债务契约签订过程中，债权人运用综合收益的会计信息，关注债务契约对综合收益会计信息的持续性。在财务报告中如果综合收益与其他综合收益的增长较为显著，则在债务契约合同中是否运用综合收益以及其他综合收益的会计信息，且契约中是否会强调综合收益和其他综合收益会计信息的持续性？然而，综合收益的稳健性低于净利润，因此，将在合同中考虑综合收益会计信息是否会降低合同的有用性，还有待进一步的研究。

2. 综合收益与薪酬契约合同

巴贝尔等学者（1999）检验了薪酬契约与会计盈余变动以及薪酬与回报之间的关系，然而该研究并未考虑高管薪酬与综合收益以及其他综合收益的水平和变动关系。如果综合收益比净利润的持续性更强，则建立以综合收益变动为基础的薪酬契约就具有更强的薪酬业绩敏感性，相反如果综合收益的持续性弱于净利润，则建立以综合收益变动为基础的薪酬契约就具有更低的薪酬业绩敏感性。更进一步地，如果综合收益的持续性强于营业利润（earnings before extraordinary items），则相对于之前文献中的当期管理层薪酬报酬与利润指标之间的关系，当期薪酬报酬与综合收益之间的敏感性关系将更为显著。

3. 第三个与契约合同相关的研究方向就是关于薪酬契约与管理层对综合收益报告的选择

很多公司在其对外公告中披露薪酬委员会根据业绩的实现程度对高管层实施差异化的薪酬激励方案。此外，班伯等学者（2010）指出如果高管层认定当综合收益波动加大会减少其薪酬契约，则高管层会采取一定的措施影响综合收益会计信息的披露。李等学者（2006）也对管理层对财务报告的选择与综合收益波动做了初步的研究。那么如李等学者（2006）的研究假设提出的当综合收益波动较大时，薪酬委员会是否降低高管的薪酬激励？在薪酬契约中公司高管是否应当为综合收益的高低负责？延等学者（2007）也指出随着综合收益在财务报告中所占比重的加大，综合收益会对未来的薪酬激励合同产生影响。

钱伯斯等学者（2007）从正反两个方面探讨高管层进行业绩评价的过程中是否考虑综合收益会计信息。作者提出将综合收益纳入高管层业绩评价的原因是：业绩评价是对高管层行为及决策的有效约束工具，将综合收益纳入高管层的业绩评价，使得高管层关注的重心不再是净利润，而是与公司相关的所有价值创造或者价值损坏行为，而净利润显然并非公司价值相关的全部信息。然而作者也提出将综合收益纳入管理层业绩评价可能存在的不利因素：即运用其他综合收益评价管理层可能存在不公平性，因此，其他综合收益的项目并非由经理层完全控制，例如资本市场金融工具价格的变动、外币汇率波动等，业绩的评价是一个系统的工程，包含了动因与结果指标，这些指标帮助管理者将注意力集中在经营的主要方面而影响组织的行为。一旦评价的指标中存在管理层无法操控的指标，势必导致管理层无法顺利完成业绩评价指标，而且指标与指标间并非孤立无关联，评价的过程也难以有效识别任务无法达成的来源究竟是企业内部的管理原因，还是外部环境使然。此外，从心理学的角度，对于这部分无法达成的业绩指标，也会影响管理层的积极性与投入程度。

从目前的研究文献看，还没有直接关于对高管层业绩评价和薪酬激励中采用综合收益的学术研究，至于哪一类公司采用综合收益也无法从现有的研究中获取这类信息。达利瓦等学者（1999）认为金融类公司会倾向于在业绩评价中考虑综合收益。然而金融类的上市公司样本数量有限，在资本市场上占有大样本数量的非金融公司是否形成了包含综合收益信息在内的业绩评价指标体系，在这类非金融公司中其他综合收益具体项目与高管薪酬是否具有显著相关性还有待进一步研究。

班伯等学者（2010）研究发现薪酬合同的差异导致高管层的财务报告信息披露选择的差异。基于班伯等学者（2010）和奥尔森（1999）的研究，在什么情况下其他综合收益会计信息反映了高管层的努力程度？在何种情况下其他综合收益具有预测能力，且预测能力包括对其他综合收益自身的预测以及综合收益中的其他构成项目（琼斯和斯密，2011）。

巴贝尔等学者（1999）将时限问题（horizon problem）引入高管契约合同中的会计信息问题。所谓时限问题，是由于会计盈余无法充分地反映公司投资决策带来的长期后果，导致高管层忽视他们预期任期外的盈余实现问题，因此，作者建议资本市场应对充分利用高管层任期内的现金流信息并进行合理的评估，当业绩评价中运用了证券回报的信息，时限问题迎刃而解。市场化的业绩评价指标体系可以更好地反映投资者预期现金流，进一步的也应当可以用来评价高管的经营业绩。

回到综合收益会计信息，在净利润的基础上增加了公允价值变动的利得与损失，更充分地反映了投资的价值，因此相对于净利润，综合收益可以更加准确的计量高管的经营业绩。由于公允价值可以更充分地反映投资的预期回报，因此在业绩评价指标体系中增加运用公允价值会计信息，完善了业绩评价指标体系，在一定程度上也降低了上述可能存在的"时效问题"。根据以往的研究，完全运用公允价值的会计信息，较净利润或者综合收益相比，更加提高业绩评价的有用性。兰贝茨（2010）讨论了科塔里等学者（2010）的论文，指出："与应计会计相比，股票价格以公允价值为基础，更具有前瞻性。因此以稳健性为主的会计信息，其带来的问题与不足甚至超过存在的优势。实际上，在很多行业，提供的会计信息越稳健，则在薪酬契约中会更少的运用财务会计信息（例如高科技行业）。"从现实中也可以看到，越来越多的企业在制定薪酬契约中以股票回报为基础。那么这些公司的薪酬契约是否解决了"时效性问题"？值得进一步研究的是，这些公司的驱动因素有哪些及其经济后果，包括运用具有前瞻性特征的业绩评价指标体系之后对公司治理、盈利水平及其他事项的影响。

4. 我国国有企业的现实问题

目前我国国有企业负责人业绩评价指标体系还有不到位的地方，评价指标与评价方法都较为单一，难以形成对国有企业负责人有效的激励与约束。综合收益作为新的财务指标，在净利润的基础上增加了其他综合收益会计信息，将一部分很可能对未来盈余产生影响的公允价值变动信息予以充分披露，这部分会计信息的产出与变化体现了管理层的管理意图和能力。以北京为例，经初步统计约半数以上北京市国有上市公司披露了其他综合收益会计信息，且其他综合收益占净利润的比重较大。根据综合收益会计信息特征，随着"管资本"监管体制的逐步建立、"一带一路"倡议的推进以及现代企业制度的逐步完善，其在财务报告中的影响将逐步增大，仅仅依靠净利润等传统盈利指标可能无法全面反映高管人员的经营管理能力。

20 世纪以来，国内外学术界提出了大量的衡量企业绩效的方法，其中具有代表性的研究成果包括因素分析法（FAA）、杜邦分析系统（Du Pont Analysis）和平衡计分卡（BSC）。埃米利·奥布里安（2006）用实证的方法检验 BSC 的有效性与可行性，并找到了能使 BSC 的执行成本得到降低的方法。贝内特·思图尔特（2009）提出 EVA 是业绩评价指标体系不可或缺的一部分，其能有效地通过价值创造理论来评价企业业绩。我国开始研究企业业绩评价指标体系的时间相对较晚，随着我国市场经济的不断发展，企业不断意识到业绩评价对一个企业生存发展的重要性。池国华（2005）将业绩评价分为两个部分：经营业绩评价和管理业绩评价，并提出业绩评价体系是企业管理控制体系的一个重要组成部分，该体系以实际经营情况作为企业业绩评价的依据，根据系统分析和全面考核的结果来设计的。对于企业业绩评价指标体系的研究，以上论文主要以规范论文为主展开研究。由于业绩评价指标体系属于企业内部的契约类信息，因此，采用的实证研究方法包括显性研究和隐性研究，其中显性研究是通过企业实地调研、问卷调查等方法获取数据进行研究。例如，利亚等学者（2013）研究发现，在自愿披露薪酬契约的 228 个公司的年度观测值中，有 160 个披露了业绩评价指标且都至少使用了一个财务指标，而 67.5% 的薪酬契约使用了多个财务指标；关于财务指标的选择标准，81% 的指标是根据公司内部情况确定的，并非参照行业标准或者固定标准，国企根据财务指标给予高管更高的激励性薪酬，表明大多数国企的薪酬契约以业绩作为衡量标准且业绩评价指标并不唯一。而隐性研究则通过业绩评价数据与薪酬的敏感性为依据检验企业运用业绩评价指标体系的动机与经济后果。例如，罗宏（2014）基于业绩评价指标选择的视角，分析了我国国企高管薪酬契约操纵的现状和内在规律，最终发现国企高管通过提高其薪酬与较高业绩指标的相关性来操纵薪酬契约，而且管理层权力越大，操纵行为越明显。

目前的文献主要研究以综合收益为基础的业绩评价将产生的有利和不利影响。一种观点是，综合收益为基础的业绩评价全面性程度高于净收益，班伯等学者（2010）认为综合收益提高了信息透明度从而减少业绩评价中的管理层的操纵。但另一种观点认为，管理层不应该对不受控制或控制程度较小的收益事项负责（霍尔特豪森和沃茨，2001；兰伯特，2001），对于无法左右的事项不应纳入业绩评价的范围。我国目前对于综合收益的研究主要是基于决策有用观下的价值相关性方面，对综合收益在业绩评价中的运用还未展开系统深入的研究。

从上述文献回顾来看，目前已有学者关注基于综合收益的业绩评价指标体系研究，也取得了一定的结论与成果，然而还有以下方面值得在中国国有企业背景下展开进一步的研究。

第一，目前的研究对管理层业绩评价指标体系是否应以综合收益为基础，结论尚未统一。已有的研究多关注综合收益会计信息的相关性，对综合收益信息运用的文献较少，且这些文献在是否将综合收益运用到管理层业绩评价中的结论是相悖的，这些研究多采用间接的方式检验综合收益信息披露与管理层的反应，而未从管理层行为与能力的视角研究综合收益作为业绩评价指标的可行性。

第二，缺乏在中国情景下研究基于综合收益的经营业绩评价指标体系。由于在公司治理、股权结构特征等方面我国与国外企业存在显著差异，因此国外的相关研究过程以及结论难以运用到中国，例如，股权结构方面国外企业多是股权高度分散型企业，而中国的企业多以股权集中企业为主，这就催生了一系列关于投资者保护方面的研究，同理在股权集中情况下公司治理的主要矛盾多体现在大股东与经理层之间的矛盾，大股东在公司的角色为公司的所有者和战略投资者，因此对于大股东而言获取公司财务信息并运用到公司治理中，其中如何评价和激励公司管理层是大股东关注的重点，因此有必要基于中国情景对综合收益与经营业绩评价指标体系展开研究。

第三，已有文献未对综合收益纳入管理层业绩评价体系的路径展开深入研究。已有的研究关注的是综合收益是否纳入管理层业绩评价过程，而未对如何纳入业绩评价作出系统的路径研究。综合收益作为一项会计指标，在高管业绩评价过程中需要在不同的模式下与其他财务指标、非财务指标共同发挥作用，形成系统的业绩评价指标体系。因此对于综合收益如何纳入高管层业绩评价指标体系需要做进一步的研究。

第 11 章

结论与政策建议

11.1 本书结论

本书系统研究了综合收益信息的决策有用性研究，首先，从盈余质量的角度研究综合收益，分别从会计基础的盈余指标和市场基础的盈余指标（弗兰西斯和施佩尔，2004）入手，其中会计基础的盈余指标是基于盈余的预测能力，关注滞后期综合收益及其组成部分的会计信息与当期净利润以及经营活动现金流之间的关系；市场基础指标则主要是基于价值相关性，关注市场数据和综合收益信息之间的关系。其次，本书对综合收益的风险相关性展开研究，重点关注综合收益及其组成部分的波动性与企业风险的关系以及风险的信息含量是否被市场识别，并在股票的价格中反映。最后，本书从分析师预测误差的角度入手，研究综合收益信息披露对分析师预测误差的影响。通过上述研究得到如下结论：

1. 综合收益及其组成部分具有预测能力

综合收益对未来盈余和经营活动现金流均具有预测能力，尤其在非金融行业表现更为显著且影响更为持久；对于不同行业其他综合收益的盈利预测能力也存在显著差异，其中在金融行业当期以及滞后一期的其他综合收益均与未来盈余显著相关，然而在非金融行业则不显著。

2. 综合收益的价值相关性

本书分别采用价格模型和收益模型检验综合收益及其组成部分的价值相关性，实证研究发现综合收益和净利润均有价值相关性，而其他综合收益及其组成部分采用不同的检验模型得到的相关性并不一致，可以看出其他综合收益及其组成部分的价值相关性并不稳定。此外本书基于会计准则修订前后综合收益在不同的财务报表列示检验综合收益及其组成部分的价值相关性，结果表明在利润表中列示的其他综合收益较所有者权益变动表更具价值相关性。

3. 综合收益的风险相关性

本书主要是基于综合收益波动性的特征入手研究综合收益波动性的风险信息含量以及会计信息使用者对综合收益波动性的反应程度，研究发现：从风险信息含量的角度看，每股其他综合收益的波动性与股票回报率的波动显著正相关，该结论仅适用于非金融行业，而对于金融行业盈余的波动并不具有风险相关性；从盈余波动的价值相关性来看，每股净利润波动具有显著的价值相关性，而每股其他综合收益波动不具有价值相关性；然而盈余的波动，尤其是不同方向的波动均对盈余的价值相关性产生显著的影响。

4. 综合收益与盈余管理行为

从综合收益与盈余管理的角度发现公司披露的当期其他综合收益信息能够在一定程度上降低管理层与报表信息使用者的信息不对称程度。信息不对称程度与当期其他综合收益呈负相关关系。因此，不考虑当期其他综合收益是否能够提供更多的增量信息，但是其在一定程度上改善了信息透明度，降低了信息不对称程度，提高报表的决策有用性。

5. 从分析师预测误差的视角检验综合收益的信息含量

本书从证券分析师视角出发，研究其他综合收益对分析师盈余预测的影响，并进行实证检验。结果表明，其他综合收益强制披露后分析师盈余预测准确性得到提高，结论支持现阶段其他综合收益信息在分析师盈利预测中的作用。然而在分析师盈利预测中仅在预测当期利用综合收益的会计信息，并未在远期的预测中充分考虑综合收益带来的增量信息。

11.2 政策建议

本书的研究针对综合收益信息的决策有用性展开，基于价值相关性和风险相关性的视角，检验资本市场到证券分析师对综合收益信息的反应与运用，从政策建议上分别向会计政策制定者、上市公司以及会计信息使用者提出以下对策建议。

11.2.1 针对会计政策制定者的对策建议

1. 强化综合收益信息披露要求

我国目前执行的与综合收益相关的会计准则并没有对每一个具体项目的具体内容、编报方法作出明确的界定。信息披露规则的模糊化，导致了各个企业披露其他信息的内容界定及格式安排上均存在差异，甚至有些公司出现了较为严重的错误信息。例如，毛志宏、王鹏、季丰（2011）对中国上市公司 2009 年其他综合收益列报及披露进行了详细的分析，发现有 199 家上市公司在其他综合收益相关报表格式和勾稽关系上存在错误，93 家上市公司少列其他综合收益项目，395 家上市公司多列其他综合收益项目。这些错误的发生一方面有上市公司会计人员业务能力、技术水平上的原因，另一方面也有会计准则界定不明确的原因。

首先，会计准则制定部门应该进一步明确其他综合收益的项目和内容。一方面，要明确权益性交易和其他综合收益的区别，特别是须对权益性交易进行更加具体的界定。虽然 60 号文提出了权益性交易的术语，但现行的会计准则体系中既没有权益性交易的明确定义，也没有其账务处理原则。因此导致很多企业将权益性交易误当作其他综合收益列报在利润表中，引起报表使用者对其他综合收益信息的误判。另一方面要对其他综合收益具体项目的确认作出明确规定。我国现行会计准则体系中直接计入所有者权益的事项较多，据毛志宏、王鹏、季丰（2011）的统计，至少有多达 35 项会计事项直接计入所有者权益。这些事项哪些属于其他综合收益，哪些不属于其他综合收益，如果属于其他综合收益，在报表中应该列入哪一个具体项目。会计准则应该最起码明确这些事项的性质、分类的方法和原则。

其次，关于其他综合收益的重分类调整问题，现行会计准则也尚未有明确的规范，哪些需要重分类、如何进行重分类以及在报表中如何列示等问题均需要细致而标准化的准则规范，在本书的实证研究中也证实了综合收益具体项目的信息披露较总额更具有价值相关性，更能够为会计信息使用者提供决策有用的会计信息，综合收益具体信息的可靠公允也就在一定程度上决定了会计的信息质量，因此需要会计准则的制定机构对此作出明确的规范和指引。

最后，美国 FASB 为了企业更加有效的记录和披露综合收益会计信息，专门颁布了 SFAS130 综合收益报告对综合收益的信息披露和列示予以详细的规范，而我国的综合收益会计信息的要求则分散在具体会计准则的各个章节之中，缺乏对综合收益统一而规范的论述和要求，因此需要对综合收益建立一套规范的准则体系。

2. 建立综合收益概念框架体系

概念框架的作用是通过制定财务会计报告的结构和方向，促进公正的（不偏不倚）财务和相关信息的提供，有助于发挥资本和其他市场的职能在整个经济中有效地配置有限的资源，预期这一概念框架能为公众的利益服务①。由于缺乏完善的综合收益概念框架体系，导致综合收益与其他综合收益概念不清晰、其他综合收益与净利润缺乏划分标准、不同的准则下重分类调整的标准和信息披露要求不一致等一系列问题的出现，使得综合收益在运用过程中存在较大分歧，降低了综合收益的信息质量，因此准则制定方应从综合收益报告目

---

① FASB，SFAC No.2，1980；或 "Accounting Standards"，original pronouncements，2002/03。

标、综合收益信息质量特征、综合收益报表会计要素及其确认、计量、报告等方面来构建综合收益概念框架，以此为基础指导以原则为导向的会计准则制定与执行。

3. 加强会计信息披露的监管，提高综合收益会计信息的质量

会计信息披露的质量离不开监管部门的有效监督和管理，特别是像综合收益这一类具有新理念、新方法的会计信息。虽然本书从时间效应的视角分年度检验综合收益的价值相关性，取得的实证结果表明，2014 年新会计准则的修订和执行之后综合收益的价值相关性显著提高，但是同时也看到在本书的研究样本区间 2009～2014 年均有大量的其他综合收益的其他项目出现，笔者在手工搜集这些样本时发现绝大多数的企业均未对其他综合收益中的其他项做进一步的解释说明，这种情况会降低综合收益的信息有用性，同时也为管理层进行盈余管理创造机会空间，因此，本书认为在推行综合收益信息披露的同时应建立严格的监管体系，将综合收益会计信息作为重点的监管会计科目中，避免上市公司将综合收益会计科目作为盈余管理的"蓄水池"。

11.2.2 针对上市公司的政策建议

1. 提高企业会计信息的披露透明度

涉及以市场计价为基础的综合收益会计信息运用到的会计处理方法和程序较为复杂，且主观性较强，为了减少会计信息使用者对这部分会计信息分析和判断的偏差，上市公司需要提高会计信息的透明度。例如，参与金融衍生工具交易的上市公司需要明确披露会计处理方式，包括套期保值业务的被套期项目、套期工具、被套期风险敞口等，如果涉及金融衍生工具公允价值估值，需要披露相关模型和参数设置，以有利于会计信息使用者正确地分析和判断套期保值交易的有效性、金融工具投资面临的风险以及股票期权公允价值的定价模型及参数设置是否合理等。

从会计人员的角度提高会计专业水平，美国丹佛市艾森哈德·凯菲·斯坦纳 & 霍特曼·PC 会计师事务所（Ehrhardt Keefe Steiner & Hottman PC）的合伙

人盖伦·汉森（Gaylen Hansen）指出"其他综合收益这个概念还没有被广泛了解和熟知，在审计财务状况和经营成果报告时，我们经常发现客户在处理其他综合收益方面会犯非常明显的错误"。因此认识到综合收益信息的重要性，提高企业报告综合收益的水平和能力，尤其在金融工具交易业务较为复杂的会计处理和较多的主观判断和分析，需要对管理者和会计人员的业务素质和职业判断能力有较高的要求。

2. 利用综合收益波动信息提高企业的风险应对能力

通过对综合收益风险相关性的检验可以看出综合收益波动具有显著的风险信息含量，企业应当建立与综合收益波动信息作为重要的风险识别指标，建立以风险管理为导向的风控体系，明确区分综合收益波动来源的系统风险和非系统风险，上市公司对于系统性风险无法通过多元化的组合投资分散风险，可从提高系统性风险防范意识，控制和调节资金投资的比例以及做好锁定收益或风险的准备等方面减弱系统风险对企业的影响；对于非系统风险，一般可通过投资组合的方式规避和分散风险，选择最优投资比例和最优投资组合规模来防范。总之，从事前的防范、事中的实时风险监控和事后的风险监督检查三个方面对企业的风险予以控制。

3. 在业绩评价上考虑采用综合收益指标

综合收益信息涵盖了企业主营业务和非主营业务引起的所有者权益变动的所有信息，具有风险相关性和价值相关性，作为一项综合的会计指标，企业可以将该指标作为对于管理层的业绩评价指标予以考虑，尤其是其他综合收益占会计盈余的比重日益提高，其存在的风险和收益不应被企业尤其是管理层所忽视，然而如果未将其他综合收益的指标纳入到业绩评价中，管理层依然以传统的主营业务作为主要达成的任务，会导致管理层忽视可能存在的风险，而且一旦由于其他综合收益项目导致的各项风险发生，管理层也会以不在自身管控范围内而规避风险，实际上在以净利润为基础的业绩评价体系中也存在不在自身管控范围内的风险因素，因此，以管控与否作为业绩评价指标是不成立的。相反，如果将业绩评价指标中加入综合收益指标，可以加强管理层关注这部分已确认未实现的损益及其可能存在的风险，而这部分损益日后可重分类进损益，对企业的利润产生潜在的影响。

11.2.3 针对会计信息使用者的政策建议

1. 正确认识综合收益的预测能力和持续性

对于综合收益存在的一种观点是在净利润的基础上增加其他综合收益会降低盈余信息的预测能力和持续性，然而从本书的研究结论来看，综合收益及其具体组成部分对未来的净利润和经营活动现金流有着显著的相关性，且在不同行业综合收益及其组成部分的预测能力存在显著差异，因此作为会计信息使用者应充分利用综合收益的信息质量特征，通过企业披露的综合收益会计信息，提高对企业预期收益的预测能力。

2. 正确认识综合收益不同组成部分的信息含量

报告综合收益是补充而不是取代净利润，不同收益计量应该在不同应用中呈现出不同的决策有用性。本书在研究过程中发现其他综合收益按照来源以及按照重分类调整进行分类的信息披露均提高了会计信息的价值相关性，而且不同项目的相关性程度也存在很大区别，因此需要充分认识综合收益不同项目的信息含量，捕捉和获取与市场价值相关的综合信息。

3. 正确认识综合收益波动性

作为引入公允价值计量的综合收益而言，上市公司的财务报告更加处于波动的状态，但是波动并非都是不利的，关键在于如何能将市场波动最小化，甚至于从"不利"化为"有利"（兰兹曼，2006）。本书的研究发现，综合收益的波动具有风险相关性，然而从市场的角度而言更加关注传统净利润的波动性，而忽视了其他综合收益的波动性会计信息，使得会计信息使用者无法对企业可能面临的风险做以准确的判断和估测，因此，会计信息使用者充分认识综合收益的波动会计信息，通过收益的不同波动方向获取企业可能面临的风险信息。

11.3　不足和展望

本书着力研究综合收益相关信息的会计决策有用性研究，通过预测能力、价值相关性和风险相关性以及对分析师预测的影响等方面展开研究，但是在研究的过程中由于篇幅和样本的限制，仍然存在以下不足：

（1）研究样本的限制，我国的综合收益信息披露在 2014 年会计准则修订之后才更为完善，因此 2009～2013 年的样本在信息披露过程中还有很多不足，2014 年及以后的综合收益会计信息数据的信息可靠性更强，然而由于研究时点的限制，进行在不同列报位置对综合收益价值相关性的研究时本书仅将研究样本拓展到 2016 年 3 月 12 日，样本涵盖还不全面，在日后的研究中有待进一步拓展。

（2）本书对于综合收益具体项目的研究还有待细化，尤其是对于其他综合收益各项具体项目，在价值相关性的研究中展现了不同的相关关系。此外，随着其他综合收益各项目的信息披露越来越重大，其涵盖的信息含量也越来越多，在以后的研究中应从每一个具体项目的确认、计量以及信息含量、市场反应等方面入手进行具体的研究和探讨。

（3）对于综合收益波动性的研究仅考虑了年度的会计数据，而未考虑半年度和季度的会计数据，在以后的研究中将进一步完善该项研究，加入半年度数据和季度数据，细化综合收益波动性的研究。

未来综合收益相关的研究课题还包括：综合收益与盈余管理的研究、其他综合收益的合理分类研究、其他综合收益的重分类调整、综合收益报告模式的比较研究、综合收益的确认和计量研究、实施综合收益报告会计准则的经济后果研究、综合收益报告与其他相关准则和制度协调性研究等，这些课题都需要在日后的研究中不断深入。

参 考 文 献

［1］陈信元，陈冬华，朱红军．净资产、剩余收益与市场定价：会计信息的价值相关性［J］．金融研究，2002，4：59－70.

［2］程春晖．全面收益研究［D］．厦门：厦门大学，1999.

［3］程小可．上市公司盈余质量分析与评价研究［D］．大连：东北财经大学出版社，2006.

［4］党红．关于全面收益的讨论［J］．审计研究，2003，3：58－61.

［5］邓传洲．公允价值的价值相关性：B股公司的证据［J］．会计研究，2005，10：55－62＋97.

［6］葛家澍．损益表（收益表）的扩展——关于第四财务报表［J］．上海会计，1999，1：3－10.

［7］葛家澍，陈守德．财务报告质量评估的探讨［J］．会计研究，2001，11：9－17.

［8］葛家澍，杜兴强．会计理论［M］．上海：复旦大学出版社，2012.

［9］李琳，刘凤委，卢文彬．基于公司业绩波动性的股权制衡治理效应研究［J］．管理世界，2009，5：145－151.

［10］李尚荣．综合收益价值相关性研究［D］．北京：财政部财政科学研究所，2013.

［11］刘永泽，孙翯．我国上市公司公允价值信息的价值相关性——基于企业会计准则国际趋同背景的经验研究［J］．会计研究，2011，02：16－22＋96.

［12］毛志宏，王鹏，季丰．其他综合收益的列报与披露——基于上市公司2009年年度财务报告的分析［J］．会计研究，2011，7：3－10＋97.

［13］权小锋，吴世农. CEO 权力强度、信息披露质量与公司业绩的波动性［J］. 南开管理评论，2010，4：142 - 153.

［14］谭洪涛，蔡利，蔡春. 公允价值与股市过度反应［J］. 经济研究，2011，7：130 - 143.

［15］王鑫. 综合收益的价值相关性研究——基于新准则实施的经验证据［J］. 会计研究，2013，10：20 - 27 + 96.

［16］威廉姆 R. 斯科托，陈汉文. 财务会计理论［M］. 北京：中国人民大学出版社，2012.

［17］谢德仁. 财务报表的逻辑：瓦解与重构［J］. 会计研究，2001（10）：32 - 37.

［18］徐经长，曾雪云. 综合收益呈报方式与公允价值信息含量——基于可供出售金融资产的研究［J］. 会计研究，2013，01：20 - 27 + 95.

［19］张普，吴冲锋. 股票价格波动：风险还是价值？［J］. 管理世界，2010，11：52 - 60 + 187.

［20］张瑞君，李小荣. 金字塔结构、业绩波动与信用风险［J］. 会计研究，2012，3：62 - 71.

［21］Aboody, D., M. E. Barth, and R. Kasznik. 1999. Revaluations of fixed assets and future firm performance：Evidence from the UK［J］. Journal of Accounting and Economics, 26 (1 - 3)：149 - 178.

［22］Agostini, M. 2014. Presentation of other comprehensive income：is there a relationship with the total amount, the sign and the volatility of such accounting items？. Working Papers.

［23］Ahmed, A., Takeda, C., 1995. Stock market valuation of gains and losses on commercial banks' investment securities：an empirical analysis［J］. Journal of Accounting and Economics, 20：207 - 225.

［24］Ahmed, A. S., Song, M., & Stevens, D. E. 2005. The effect of earnings precision on heterogeneity in analysts' forecasts and forecast revisions. Social Science Electronic Publishing.

［25］Ahmed, A. S., & Lobo, G. J. 2011. Does recognition versus disclosure matter? evidence from value-relevance of banks' recognized and disclosed derivative financial instruments [J]. Accounting Review, 81 (3): 567 – 588.

[26] Amihud, Y., 2002. Illiquidity and stock returns: cross-section and time-series effects [J]. Journal of Financial Markets, 5: 31 – 56.

[27] Amir, E., T. S. Harris, and E. K. Venuti., 1993. A comparison of the value-relevance of U. S. Versus Non – U. S. GAAP accounting measures using form 20 – F reconciliations [J]. Journal of Accounting research, 31 (3): 230 – 264.

[28] Amir, E., Guan, Y., Oswald, D., 2010. The effect of pension accounting on corporate pension asset allocation [J]. Review of Accounting Studies, 15: 345 – 366.

[29] Baber, W., Kang, S., Kumar, K., 1999. The explanatory power of earnings levels vs. earnings changes in the context of executive compensation [J]. The Accounting Review, 74: 459 – 472.

[30] Badertscher, B., Burks., J., Easton, P., 2012. A convenient scapegoat: fair value accounting by commercial banks during the financial crisis [J]. The Accounting Review, 87: 59 – 90.

[31] Badertscher, B., Burks, J., Easton, P., 2014. The market pricing of other-than-temporary impairments [J]. The Accounting Review, 89: 811 – 838.

[32] Bae, K., H. Tan, and M. Welker. 2008. International GAAP Differences: The Impact on Foreign Analysts [J]. The Accounting Review, 83 (3): 593.

[33] Ball, R., & Kothari, S. P. 1989. Nonstationary expected returns: implications for tests of market efficiency and serial correlation in returns [J]. Journal of Financial Economics, 25 (1): 51 – 74.

[34] Ball, R. 2009. The global financial crisis and the efficient market hypothesis: What have we learned? [J]. Journal of Applied Corporate Finance, 21 (4): 8 – 16.

[35] Bamber, L. S., J. Jiang, K. R. Petroni, and I. Y. Wang. 2010. Comprehensive income: Who's afraid of performance reporting? [J]. The Accounting Review, 85 (1): 97 – 126.

［36］ Barker, R. 2004. Reporting financial performance. ［J］ Accounting Horizons, 18 (2): 157 – 172.

［37］ Barth , M. E. , Landsman, W. R. , Wahlen, J. M. , 1995. Fair value accounting: Effects on banks' earnings volatility, regulatory capital, and value of contractual cash flows ［J］. Journal of Banking & Finance, 19: 577 – 605.

［38］ Barth, M. E. , W. H. Beaver, J. R. M. Hand, and W. R. Landsman. 1999. Accruals, Cash Flows, and Equity Values ［J］. Review of Accounting Studies, 4 (3 – 4): 205.

［39］ Barth, M. E. , Beaver, W. H. , & Landsman, W. R. 2001. The relevance of the value relevance literature for financial accounting standard setting: another view ［J］. Journal of Accounting & Economics, 31 (s 1 – 3): 77 – 104.

［40］ Barth, M. E. , D. P. Cram, and K. K. Nelson. 2001b. Accruals and the prediction of future cash flows ［J］. The Accounting Review, 76 (1): 27 – 58.

［41］ Barth, M. E. , and A. P. Hutton. 2004. Analyst Earnings Forecast Revisions and the Pricing of Accruals ［J］. Review of Accounting Studies, 9 (1): 59.

［42］ Barton, J. , T. Hansen, and G. Pownall, 2010, Which Performance Measures Do Investors Around the World Value the Most—and Why? ［J］. The Accounting Review, 85: 753 – 789.

［43］ Beaver, W. H. , P. Kettler, and M. Scholes, 1970, The association between market determined and accounting-determined measures of risk ［J］. The Accounting Review, 45: 654 – 682.

［44］ Beaver, W. H. , M. L. McAnally, and C. H. Stinson. 1997. The information content of earnings and prices: A simultaneous equations approach ［J］. Journal of Accounting and Economics, 23 (1): 53 – 81.

［45］ Behn, B. , J. Choi, and T. Kang. 2008. Audit Quality and Properties of Analyst Earnings Forecasts ［J］. The Accounting Review, 83 (2): 327.

［46］ Beresford, D. R. , L. T. Johnson, and C. L. Reither. 1996. Is a second income statement needed? ［J］. Journal of Accountancy, 181 (4): 69.

［47］ Berkman, H. , M. E. Bradbury, and S. Magan, 1997, An international comparison of derivative usage [J]. Financial Management, 26: 69 – 73.

[48] Bernard, V. 1995. , The Feltham – Ohlson framework: implications for empiricists [J]. Contemporary Accounting Research, 11: 733 – 747.

[49] Beyer, A. , and I. Guttman. 2011. The Effect of Trading Volume on Analysts' Forecast Bias [J]. Accounting Review, 86 (2): 451 – 481.

[50] Bhat, G. , O. – K. Hope, and T. Kang. 2006. Does corporate governance transparency affect the accuracy of analyst forecasts? [J]. Accounting and Finance, 46 (5): 715.

[51] Biddle, G. C. , Seow, G. S. , Siegel, A. F. , 1995. Relative versus incremental information content [J]. Contemporary Accounting Research, 12: 1 – 23.

[52] Biddle, G. C. and Choi, J – H. 2006. Is comprehensive income useful? [J]. Journal of Contemporary Accounting and Economics, 2 (1): 387 – 405.

[53] Biddle, G. C. , & Hilary, G. 2006. Accounting quality and firm – level capital investment [J]. Social Science Electronic Publishing, 81 (5): 963 – 982.

[54] Bisgay, L. 1995. Comprehensive income [J]. Management Accounting, 77 (6): 57.

[55] Blankespoor, E. , T. Linsmeier, K. Petroni, and C. Shakespeare, 2013, Fair Value Accounting for Financial Instruments: Does It Improve the Association between Bank Leverage and Credit Risk? [J]. The Accounting Review, 88: 1143 – 1177.

[56] Bloomfield, R. , Nelson, M. , Smith, S. , 2006. Feedback loops, fair value accounting and correlated investments [J]. Review of Accounting Studies, 11: 377 – 416.

[57] Bonner, S. E. , B. R. Walther, and S. M. Young. 2003. Sophistication-related differences in investors' models of the relative accuracy of analysts' forecast revisions [J]. The Accounting Review, 78 (3): 679 – 706.

[58] Botosan, C. A. , & Harris, M. S. 2000. Motivations for changes in disclosure frequency and its consequences: an examination of voluntary quarterly segment disclosures [J]. Journal of Accounting Research, 38 (2): 329 – 353.

[59] Botosan, C. , Plumlee, M. , 2005. Assessing alternative proxies for the expected risk premium [J]. The Accounting Review, 80: 21 – 53.

[60] Bouwman, M. , P. Frishkoff, and P. A. Frishkoff. 1995. The relevance of GAAP-based information: A case study exploring some uses and limitations [J]. Accounting Horizons, 9: 22 – 47.

[61] Bowman, R. G. , 1979, The theoretical relationship between systematic risk and financial (accounting) variables [J]. The Journal of Finance, 34: 617 – 630.

[62] Bradshaw, M. T. 2004. How do analysts use their earnings forecasts in generating stock recommendations? [J]. Accounting Review, 25 – 50.

[63] Bradshaw, M. T. 2009. Analyst Information Processing, Financial Regulation, and Academic Research [J]. Accounting Review, 84 (4): 1073 – 1083.

[64] Brauchle, G. J. , and C. L. Reither. 1997. SFAS No. 130: Reporting comprehensive income [J]. The CPA Journal, 67 (10): 42.

[65] Brimble, M. , and A. Hodgson. 2007. Assessing the risk relevance of accounting variables in diverse economic conditions [J]. Managerial Finance, 33 (8): 553.

[66] Brunnermeier, M. K. , and L. H. Pedersen. 2009. Market liquidity and funding liquidity [J]. Review of Financial studies, 22 (6): 2201 – 2238.

[67] Bujaki, M. L. , and A. J. Richardson. 1997. A citation trail review of the uses of firm size in accounting research [J]. Journal of Accounting Literature, 16: 1 – 27.

[68] Burke, J. , D. Lont, and A. Macgregor, 1996, Always better with beta? [J]. Chartered Accountants' Journal August, 75: 35 – 37.

[69] Bushman, R. M. , & Smith, A. J. 2001. Financial accounting information and corporate governance [J]. Journal of Accounting & Economics, 32 (s 1 – 3): 237 – 333.

[70] Cahan, S. F. , S. M. Courtenay, P. L. Gronewoller, and D. R. Upton, 2000, Value relevance of mandated comprehensive income disclosures [J]. Journal

of Business Finance and Accounting, 27: 1273 – 1301.

[71] Campbell, J. Y. , Serfaty – De Medeiros, K. , & Viceira, L. M. (2010). Global currency hedging [J]. Journal of Finance, 65 (1): 87 – 121.

[72] Carhart, M. , 1997. On persistence in mutual fund performance [J]. Journal of Finance, 52: 57 – 82.

[73] Cauwenberge, P. W. and De Bleede, I. 2007. On the IASB comprehensive income project: an analysis of the case for dual income display [J]. Abacus, 43 (1): 1 – 26.

[74] Chambers, D. , Linsmeier, T. J. , Shakespeare, C. and Sougiannis, T. . 2007. An evaluation of SFAS No. 130 comprehensive income disclosure [J]. Review of Accounting Studies, 12 (4): 557 – 593.

[75] Chen, C. – Y. , and P. F. Chen. 2009. NASD Rule 2711 and Changes in Analysts' Independence in Making Stock Recommendations [J]. Accounting Review, 84 (4): 1041 – 1071.

[76] Chen, C. , Y. Ding, and C. Kim. 2010. High-level politically connected firms, corruption, and analyst forecast accuracy around the world [J]. Journal of International Business Studies, 41 (9): 1505.

[77] Cheng, A. J. Cheung, and V. Gopalakrishnan, 1993, On the Usefulness of Operating Income, Net Income, and Comprehensive Income in Explaining Equity Returns [J]. Accounting and Business Research, 23: 195 – 203.

[78] Cheng, Q. , and T. D. Warfield. 2005. Equity incentives and earnings management [J]. The Accounting Review, 80 (2): 441 – 476.

[79] Choi, J. H. , and Y. Zang. 2006. Implications of Comprehensive Income Disclosure For Future Earning and Analysts' Forecasts [J]. Seoul Journal of Business, 12 (2).

[80] Chopra, V. K. 1998. Why so much error in analysts' earnings forecasts? [J]. Financial Analysts Journal, 54 (6): 35.

[81] Chua, W. F. , and S. L. Taylor. 2008. The rise and rise of IFRS: An examination of IFRS diffusion [J]. Journal of Accounting and Public Policy, 27 (6):

462 – 473.

［82］ Clement, M. B. 1999. Analyst forecast accuracy: Do ability, resources, and portfolio complexity matter? ［J］. Journal of Accounting and Economics, 27 (3): 285 – 303.

［83］ Cochrane, J. H. 2011. Understanding policy in the great recession: Some unpleasant fiscal arithmetic ［J］. European Economic Review, 55 (1): 2 – 30.

［84］ Collins, D. W. , & Kothari, S. P. , 1989. An analysis of intertemporal and cross-sectional determinants of earnings response coefficients ［J］. Journal of Accounting & Economics, 11 (2 – 3): 143 – 181.

［85］ Collins, D. W. , E. L. Maydew, and I. S. Weiss. 1997. Changes in the value-relevance of earnings and book values over the past forty years ［J］. Journal of Accounting and Economics, 24 (1): 39 – 67.

［86］ Cope, A. T. , L. T. Johnson, and C. L. Reither. 1996. The call for reporting comprehensive income ［J］. Financial Analysts Journal, 52 (2): 7.

［87］ Cortese, C. L. , and H. J. Irvine. 2010. Investigating iternational accounting standard setting: the black box of IFRS 6 ［J］. Research in Accounting Regulation, 22 (2): 87 – 95.

［88］ Cready, W. , T. J. Lopez, and C. A. Sisneros. 2010. The persistence and market valuation of recurring nonrecurring items ［J］. The Accounting Review, 85: 1577.

［89］ Dan, S. D. , Radhakrishnan, S. , Tsang, A. , & Yong, G. Y. 2012. Nonfinancial disclosure and analyst forecast accuracy: international evidence on corporate social responsibility disclosure ［J］. Accounting Review, 87 (3): 180 – 181.

［90］ Das, S. , C. B. Levine, and K. Sivaramakrishnan. 1998. Earnings predictability and bias in analysts' earnings forecasts ［J］. Accounting Review, 11: 277 – 294.

［91］ Daske, H. , L. Hail, C. Leuz, and R. Verdi. 2008. Mandatory IFRS Reporting around the World: Early Evidence on the Economic Consequences ［J］.

Journal of Accounting Research, 46 (5): 1085.

[92] Dechow, P. M. , S. P. Kothari, and R. L. Watts, 1998. The relation between earnings and cash flows [J]. Journal of Accounting and Economics, 25: 133 – 168.

[93] Dechow, P. M. , A. P. Hutton, and R. G. Sloan. 1999. An empirical assessment of the residual income valuation model [J]. Journal of Accounting & Economics, 26 (1 – 3): 1 – 34.

[94] Dechow, P. M. , & Ge, W. 2006. The persistence of earnings and cash flows and the role of special items: implications for the accrual anomaly [J]. Review of Accounting Studies, 11 (2): 253 – 296.

[95] Demirakos, E. G. , N. Strong, and M. Walker. 2004. What valuation models do analysts use [J]. Accounting Horizons, 18 (4): 221 – 240.

[96] Devalle, A. , Onali, E. and Magarini, R. 2010. Assessing the value relevance of accounting data after the introduction of IFRS in Europe [J]. Journal of International Financial Management & Accounting, 21 (2): 85 – 119.

[97] Dhaliwal, D. , Subramanyam, K. R. and Trezevant, R. . 1999. Is comprehensive income superior to net income as a measure of firm performance? [J]. Journal of Accounting and Economics, 26 (1 – 3): 43 – 67.

[98] Dhaliwal, D. , O. Z. Li, A. Tsang, and Y. G. Yang. 2011. Voluntary Nonfinancial Disclosure and the Cost of Equity Capital: The Initiation of Corporate Social Responsibility Reporting [J]. Accounting Review, 86 (1): 59 – 100.

[99] Dichev, I. D. , & Tang, V. W. 2009. Earnings volatility and earnings predictability [J]. Journal of Accounting & Economics, 47 (s 1 – 2): 160 – 181.

[100] Dirk E. Black. 2014. Returns Volatility and Other Comprehensive Income Components. Working paper.

[101] Dong, M. , S. G. Ryan, and X – J. Zhang. 2011. Preserving Amortized Costs Within a Fair – Value – Accounting Framework: Reclassiflcation of Gains and Losses on Available – For – Sale Securities Upon Realization. Working paper, University of Lausanne.

[102] Dong, M. , & Zhang, X. J. 2014. Selective trading of available-for-sale securities: evidence from u. s. commercial banks. Social Science Electronic Publishing.

[103] Eames, M. , S. M. Glover, and J. Kennedy. 2002. The association between trading recommendations and broker-analysts' earnings forecasts [J]. Journal of Accounting Research, 40 (1): 85.

[104] Easterwood, J. C. , & Nutt, S. R. 1999. Inefficiency in analysts' earnings forecasts: systematic misreaction or systematic optimism? [J]. Journal of Finance, 54 (5): 1777 – 1797.

[105] Easton, P. , Zmijewski, M. , 1989. Cross-sectional variation in the stock market response to accounting earnings announcements [J]. Journal of Accounting and Economics, 11: 117 – 141.

[106] Emerson, 2010, "Re: File Reference No. 1790 – 100, Comprehensive Income," Comment Letter No. 70.

[107] Eugene F. Fama. 1970. Multiperiod consumption-investment decisions [J]. American Economic Review, 60 (1): 163 – 74.

[108] Evans, M. , Hodder, L. , Hopkins, P. , 2014. The predictive ability of fair values for future financial performance of commercial banks and the relation of predictive ability to banks' share prices [J]. Contemporary Accounting Research, 31: 13 – 44.

[109] Fama, E. F. , and K. R. French. 1992. The cross-section of expected stock returns [J]. The Journal of Finance, 47 (2): 427 – 465.

[110] Fan, D. K. K. , R. W. So, and J. J. Yeh. 2006. Analyst Earnings Forecasts for Publicly Traded Insurance Companies [J]. Review of Quantitative Finance and Accounting, 26 (2): 105.

[111] Feltham, J. , and J. A. Ohlson. 1995. Valuation and clean surplus accounting for operating and financial activities [J]. Contemporary Accounting Research, 11 (2): 689 – 731.

[112] Financial Accounting Standards Board (FASB), 1997. Reporting com-

prehensive income. Statement of Financial Accounting Standards No. 130, Norwalk, CT, FASB.

［113］Financial Accounting Standards Board（FASB）, 1998. Accounting for derivative instruments and hedging activities. Statement of Financial Accounting Standards No. 133, Norwalk, CT, FASB.

［114］Financial Accounting Standards Board（FASB）, 2006. Employers' accounting for defined benefit pension and other postretirement plans. Statement of Financial Accounting Standards No. 158, Norwalk, CT, FASB.

［115］Financial Accounting Standards Board（FASB）, 2010. Conceptual framework for financial reporting. Statement of financial accounting concepts No. 8, Norwalk, CT, FASB.

［116］Financial Accounting Standards Board（FASB）, 2011. Accounting standards update no. 2011 – 05: comprehensive income（topic 220）, Norwalk, CT, FASB.

［117］Finger, C. A. 1994. The ability of earnings to predict future earnings and cash flow ［J］. Journal of Accounting Research, 12: 123 – 134.

［118］Francis, J. , Schipper, K. , 1999. Have financial statements lost their relevance ［J］. Journal of Accounting Research, 37: 319 – 352.

［119］Francis, J. , & Schipper, K. 2004. Cost of equity and earnings attributes ［J］. Accounting Review, 79（4）: 967 – 1010.

［120］Freeman, R. N. , and S. Y. Tse. 1992. A nonlinear model of security price responses to unexpected earnings ［J］. Journal of Accounting Research, 185 – 209.

［121］Gauri Bhat. 2008. Risk relevance of fair value gains and losses, and the impact of disclosure and corporate governance. Ssrn Electronic Journal.

［122］Gaynor, L. M. , L. McDaniel, and T. L. Yohn. 2011. Fair value accounting for liabilities: The role of disclosures in unraveling the counterintuitive income statement effect from credit risk changes ［J］. Accounting, Organizations and Society, 36（3）: 125 – 134.

[123] Givoly, D. , Hayn, C. , 2000. The changing time-series properties of earnings, cash flows and accruals: has financial reporting become more conservative? [J]. Journal of Accounting and Economics, 29: 287 – 320.

[124] Goncharov, I. , and A. Hodgson, 2011, Measuring and reporting income in Europe [J]. Journal of International Accounting Research, 10: 27 – 59.

[125] Gow, I. , D. Taylor, and R. Verrecchia, 2013, "On the Complementary Relation between Earnings and Private Information," Working Paper.

[126] Graham, JR. , Harvey, C. R. Rajgopal, S. , 2005. The economic implications of corporate financial reporting [J]. Journal of Accounting and Economic, 40 (1 – 3): 3 – 73.

[127] Gupta, S. , 1995. Determinants of the choice between partial and comprehensive Income tax allocation: the case of the domestic international sales corporation [J]. The Accounting Review, 70: 489 – 511.

[128] Gu, Z. , and T. Chen. 2004. Analysts' treatment of nonrecurring items in street earnings [J]. Journal of Accounting and Economics, 38: 129 – 170.

[129] Gu, Z. , and J. S. Wu. 2003. Earnings skewness and analyst forecast bias [J]. Journal of Accounting & Economics, 35 (1): 5.

[130] Han, B. H. , D. Manry, and W. Shaw. 2001. Improving the Precision of Analysts' Earnings Forecasts by Adjusting for Predictable Bias [J]. Review of Quantitative Finance and Accounting, 17 (1): 81.

[131] Haw, I. , Hu, B. , Hwang, L. , Wu, W. , 2004. Ultimate ownership, income management, and legal and extra-legal institutions [J]. Journal of Accounting Research, 42: 423 – 462.

[132] Hayn, C. 1995. The information content of losses [J]. Journal of Accounting and Economics, 20 (2): 125 – 153.

[133] Healy, P. M. , & Palepu, K. G. 2010. Information asymmetry, corporate disclosure, and the capital markets: a review of the empirical disclosure literature [J]. Journal of Accounting & Economics, 31 (01): 405 – 440.

[134] Hirst, D. , 2006. Discussion of "cherry picking, disclosure quality,

and comprehensive income reporting choices: the case of property-liability insurers. "
[J]. Contemporary Accounting Research, 23: 693 – 700.

[135] Hirst, D. Hopkins, P., 1998. Comprehensive income reporting and analysts' valuation judgments [J]. Journal of Accounting Research, 36 (Supplement): 47 – 75.

[136] Hirst, D., Hopkins, P., Wahlen, J., 2004. Fair values, income measurement, and bank analysts' risk and valuation judgments [J]. The Accounting Review, 79: 453 – 472.

[137] Hodder, L. D., P. E. Hopkins and J. M. Wahlen. 2006. Risk-relevance of Fair-value Income Measures for Commercial Banks [J]. The Accounting Review. , 81 (2): 337 – 375.

[138] Hodder, L., P. E. Hopkins, and D. A. Wood. 2008. The Effects of Financial Statement and Informational Complexity on Analysts' Cash Flow Forecasts [J]. Accounting Review, 83 (4): 915 – 956.

[139] Holthausen, R. W. and R. L. Watts. 2001. The Relevance of the Value – Relevance Literature for Financial Accounting Standard Setting [J]. Journal of Accounting and Economics, 31: 3 – 75.

[140] Hope, O. – K. 2003. Accounting policy disclosures and analysts' forecasts [J]. Contemporary Accounting Research, 20 (2): 295.

[141] Hughes, J., J. Liu, and W. Su. 2008. On the relation between predictable market returns and predictable analyst forecast errors [J]. Review of Accounting Studies, 13 (2 – 3): 266.

[142] Hunton, J., R. Libby, and C. Mazza. 2006. Finaicial Reporting Transparency and Earning Management [J]. The Accounting Review, 81 (1): 135 – 157.

[143] International Accounting Standards Board (IASB), 2013. A review of the conceptual framework for financial reporting. Discussion Paper DP/2013/1, IFRS Foundation.

[144] Jan Barton, Thomas Bowe Hansen and Grace Pownall. 2010. Which

Performance Measures Do Investors Around the World Value the Most and Why? [J]. The accounting review, Vol. 85, No. 3: 753 – 789.

[145] Johnson, L. T. , and R. J. Swieringa. 1996. Derivatives, hedging and comprehensive income [J]. Accounting Horizons, 10 (4): 109.

[146] Johnson, P. , T. Lopez, and J. Sanchez. 2011. Special Items: A Descriptive Analysis [J]. Accounting Horizons, 25 (3): 511.

[147] Jones, D. and K. Smith, 2011, Comparing the Value Relevance, Predictive Value, and Persistence of Other Comprehensive Income and Special Items [J]. The Accounting Review, 86: 2047 – 2073.

[148] Kanagaretnam, K. , Mathieu, R. and Shehata, M. 2009. Usefulness of comprehensive income reporting in Canada [J], Journal of Accounting and Public Policy, 28 (4): 349 – 365.

[149] Karamanou, I. , & Vafeas, N. 2005. The association between corporate boards, audit committees, and management earnings forecasts: an empirical analysis [J]. Journal of Accounting Research, 43 (3): 453 – 486.

[150] Keung, E. 2010. Do Supplementary Sales Forecasts Increase the Credibility of Financial Analysts' Earnings Forecasts? [J]. Accounting Review, 85 (6): 2047 – 2074.

[151] Khan, S. , and Bradbury, M. , 2014. Volatility and risk relevance of comprehensive income [J]. Journal of Contemporary Accounting and Economics, 10: 76 – 85.

[152] Khan, S. , and Bradbury, M. , 2015. The volatility of comprehensive income and its association with market risk [J]. Accounting & Finance, No. 3.

[153] Kim, M. , and W. Kross. 2005. The ability of earnings to predict future operating cash flows has been increasing not decreasing [J]. Journal of Accounting Research, 43 (5): 753 – 780.

[154] Koonce, L. , 2006, Discussion of 'Feedback Loops, Fair Value Accounting and Correlated Investments' [J]. Review of Accounting Studies, 11: 417 – 427.

[155] Koonce, L. , K. K. Nelson, and C. M. Shakespeare. 2011. Judging the Relevance of Fair Value for Financial Instruments [J]. Accounting Review, 86 (6): 2075 – 2098.

[156] Kothari, S. P. , and J. L. Zimmerman. 1995. Price and Return Models [J]. Journal of Accounting and Economics, 20 (2): 155 – 192.

[157] Kothari, S. P. , Ramanna, K. , Skinner, D. , 2010. Implications for GAAP from an analysis of positive research in accounting [J]. Journal of Accounting and Economics, 50: 246 – 286.

[158] Lambert, R. , 2001. Contracting theory and accounting [J]. Journal of Accounting and Economics, 32: 3 – 87.

[159] Lambert, R. , 2010. Discussion of implications for GAAP from an analysis of positive research in accounting [J]. Journal of Accounting and Economics, 50: 287 – 295.

[160] Landsman, W. , B. Miller, K. Peasnell, and S. Yeh, 2011, Do Investors Understand Really Dirty Surplus? [J]. The Accounting Review, 86: 237 – 258.

[161] Landsman, W. R. 2006. Accounting for joint ventures and associates in canada, uk, and us: do us rules hide information? [J]. Journal of Business Finance & Accounting, 33 (3 – 4): 395 – 417.

[162] Lang, M. and M. Maffett, 2011, Transparency and Liquidity Uncertainty in Crisis Periods [J]. Journal of Accounting and Economics, 52: 101 – 125.

[163] Lee. Y. , K. Petroni, and M. Shen. 2006. Cherry Picking, Disclosure Quality, and Comprehensive Income Reporting Choices: The Case of Property – Liability Insurers [J]. Contemporary Accounting Research, 23 (3): 655 – 692.

[164] Lehavy, R. , F. Li, and K. Merkley. 2011. The Effect of Annual Report Readabifity on Analyst Followmig and the Properties of Their Earmings Forecasts [J]. Accounting Review, 86 (3): 1087 – 1115.

[165] Leone, A. , Minutti – Meza, M. , Wasley, C. , 2014. Influential observations and inference in accounting research. The Bradley Policy Research Center

Financial Research and Policy Working Paper No. FR 14 – 06.

［166］ Li, N. , 2010. Negotiated measurement rules in debt contracts ［J］. Journal of Accounting Research, 48: 1103 – 1144.

［167］ Libby, R. , J. Hunton, H. Tan, and N. Seybert. 2008. Relationship Incentives and the Optimistic/Pessimistic Pattern in Analysts' Forecasts ［J］. Journal of Accounting Research, 46 (1): 173.

［168］ Linsmeier, T. J. , J. Gribble, R. G. Jennings, M. H. Lang, S. H. Penman, K. R. Petroni, D. Shores, J. H. Smith, and T. D. Warfield. 1997. An issues paper on comprehensive income ［J］. Accounting Horizons, 11 (2): 120 – 126.

［169］ Lipe, M. , 1998. Discussion of comprehensive income reporting and analysts' valuation judgments ［J］. Journal of Accounting Research, 36: 77 – 83.

［170］ Lipe, R. C. , 1986. The information contained in the components of earnings ［J］. Journal of Accounting Research, 24 (1): 37 – 64.

［171］ Liu, J. , Nissim, D. , Thomas, J. , 2002. Equity valuation using multiples ［J］. Journal of Accounting Research, 40: 135 – 172.

［172］ Lorek, K. S. , and G. L. Willinger, 1996. A multivariate time-series prediction model for cash-flow data ［J］. The Accounting Review, 71: 81 – 101.

［173］ Louis, H. 2003. The value relevance of the foreign translation adjustment ［J］. The Accounting Review, 78 (4): 1027.

［174］ Lynn, L. R. and B. S. Philip. 2012. Academic Research and Standard – Setting: The Case of Other Comprehensive Income ［J］. Accounting Horizons, 26 (4): 789 – 815.

［175］ Maines, L. A. , and L. S. McDaniel. 2000. Effects of comprehensive-income characteristics on nonprofessional investors' judgments: The role of financial-statement presentation format ［J］. The Accounting Review, 75 (2): 179 – 207.

［176］ Malkiel, B. G. 2005. Reflections on the efficient market hypothesis: 30 years later ［J］. Financial Review, 40 (1): 1 – 9.

［177］ Matuschka, M. , P. Colquhoun, and L. Marriot, 2011, KiwiSaver annual reporting disclosure practices: an exploratory study ［J］. Pacific Accounting Review, 23: 122 – 141.

[178] Mikhail, M. B. , B. R. Walther, and R. H. Willis. 2007. When security analysts talk, who listens? [J]. The Accounting Review, 82 (5): 1227 – 1253.

[179] Nichols, D. , Wahlen, J. , Wieland, M. , 2009. Publicly traded versus privately held: implications for conditional conservatism in bank accounting [J]. Review of Accounting Studies, 14: 88 – 122.

[180] Nikolaev, V. V. 2010. Debt covenants and accounting conservatism [J]. Journal of Accounting Research, 48 (1): 51 – 89.

[181] O'Hanlon, J. , &Pope, . P. . 1999. The value-relevance of U. K dirty surplus accounting flows [J]. British Accounting Review, 31: 459 – 482.

[182] Ohlson, J. A. 1989. Ungarbled earnings and dividends: an analysis and extension of the beaver, lambert, and morse valuation model [J]. Journal of Accounting & Economics, 11 (s 2 – 3): 109 – 115.

[183] Ohlson, J. A. . 1995. Earings, Book values and Dividends in Security Valuation [J]. Contemporary Accounting Research, 11 (2): 661 – 687.

[184] Ohlson, J. , 1999. On transitory earnings [J]. Review of Accounting Studies, 4: 145 – 162.

[185] Orpurt, S. F. , and Y. Zang. 2009. Do direct cash flow disclosures help predict future operating cash flows and earnings? [J]. The Accounting Review, 84 (3): 893 – 935.

[186] Ou, J. A. , and J. F. Sepe. 2002. Analysts earnings forecasts and the roles of earnings and book value in equity valuation [J]. Journal of Business Finance & Accounting, 29 (3/4): 287.

[187] Pandit, G. M. , and J. J. Phillips. 2004. Comprehensive Income: Reporting Preferences of Public Companies [J]. The CPA Journal, 74 (11): 40.

[188] Pandit, G. M. , A. Rubenfield, and J. J. Phillips. 2006. Current NASDAQ Corporation Methods of Reporting Comprehensive Income [J]. Mid – American Journal of Business, 21 (1): 13.

[189] Payne, J. 2008. The Influence of Audit Firm Specialization on Analysts'

Forecast Errors [J]. Auditing, 27 (2): 109.

[190] Philippe Jorion, 2002, How Informative are Value – at – Risk Disclosures? [J]. The Accounting Review, 77 (4): 911 –931.

[191] Plumlee, M. A. 2003. The effect of information complexity on analysts' use of that information [J]. Accounting Review, 275 – 296.

[192] Previts, G. J. , R. J. Brioker, T. R. Robinson, and S. J. Young. 1994. A Content Analysis of Sell – Side Financial Analyst Company Reports [J]. Accounting Horizons, 8 (2): 55 –70.

[193] Pricewaterhouse Coppers LLP (PWC), 2012. A closer look: US Basel Ⅱ regulatory capital regime and market risk final rule.

[194] Pronobis, P. , & Zülch, H. (2010). The predictive power of comprehensive income and its individual components under ifrs. Ssrn Electronic Journal.

[195] Qiang, C. 2005. The Role of Analysts' Forecasts in Accounting – Based Valuation: A Critical Evaluation [J]. Review of Accounting Studies, 10 (1): 5.

[196] Ramakrishnan, R. T. S. , & Thomas, J. K. , 1998. Valuation of permanent, transitory, and price-irrelevant components of reported earnings [J]. Journal of Accounting Auditing & Finance, 13 (3): 301 –336.

[197] Ramnath, S. , S. Rock, and P. Shane. 2008. The financial analyst forecasting literature: A taxonomy with suggestions for further research [J]. International Journal of Forecasting, 24 (1): 34 –75.

[198] Randall, W. L. , and T. M. David. 1998. How companies report income [J]. Journal of Accountancy, 185 (5): 45.

[199] Rogers, J. , Skinner, D. , Van Buskirk, A. , 2009. Earnings guidance and market uncertainty [J]. Journal of Accounting and Economics, 48: 90 – 109.

[200] Rosenberg, B. , & Mckibben, W. , 1973. The prediction of systematic and specific risk in common stocks [J]. Journal of Financial & Quantitative Analysis, 8 (2): 317 –333.

[201] Ryan, S. , 1997, A survey of research relating accounting numbers to

systematic equity risk, with implications for risk disclosure policy and future research [J]. Accounting Horizons, 11: 82 –95.

[202] Shahwali Khan, Michael E. Bradbury. 2014. Volatility and risk relevance of comprehensive income [J]. Journal of Contemporary Accounting & Economics, 10: 76 –85.

[203] Shahwali Khan, Michael E. Bradbury. 2015. The volatility of comprehensive income and its association with market risk [J]. Accounting and Finance, 3: 1 –22.

[204] Skinner, D., 1999. How well does net income measure firm performance? A discussion of two studies [J]. Journal of Accounting and Economics, 26: 105 –111.

[205] Sloan, R. G. 1996. Do stock prices fully reflect information in accruals and cash flows about future earnings? [J]. Accounting Review, 289 –315.

[206] SOO, B. S. , and L. G. Soo. 1994. Accounting for the multinational firm: Is the translation process valued by the stock market? [J]. The Accounting Review, 69 (4): 617 –637.

[207] Sougiannis, T. , and T. Yaekura. 2001. The accuracy and bias of equity values inferred from analysts' earnings forecasts [J]. Journal of Accounting, Auditing & Finance, 16 (4): 331.

[208] Srinidhi, B. , S. Leung, and B. Jaggi. 2009. Differential effects of regulation FD on short-and long-term analyst forecasts [J]. Journal of Accounting and Public Policy, 28 (5): 401.

[209] Tan, H. , S. Wang, and M. Welker. 2011. Analyst Following and Forecast Accuracy After Mandated IFRS Adoptions [J]. Journal of Accounting Research, 49 (5): 1307.

[210] Tarca, A. , P. Brown, P. Hancock, D. Woodliff, M. Bradbury, and T. van Zijl. 2008. Identifying decision useful information with the matrix format income statement [J]. Journal of International Financial Management and Accounting, 19 (2): 184 –217.

[211] Venkatachalam, M. , 1996. Value-relevance of banks' derivatives disclosures [J]. Journal of Accounting and Economics, 22: 327 – 355.

[212] Verdi, R. 2006. Financial reporting quality and investment efficiency, working paper [J]. Dissertation Abstracts International, Volume: 67 – 12, Section: A, page: 4602. ; Adviser: Catherine Sch.

[213] Vuong, Q. , 1989. Likelihood ratio tests for model selection and non-nested hypotheses [J]. Econometrica, 57: 307 – 333.

[214] Watts and Zimmerman: Positive Accounting Theory [M]. Prentice – Hall, 1986.

[215] Yen, A. , D. E. Hirst, and P. Hopkins. 2007. A content analysis of the comprehensive income exposure draft comment letters [J]. Research in Accounting Regulation, 19: 53 – 79.

[216] Zhang, H. , 2009. Effect of derivative accounting rules on corporate risk-management behavior [J]. Journal of Accounting and Economics, 47: 244 – 264.

后　记

　　本书是在我博士论文的基础上完成的，论文的写作过程历经了开题、中期答辩、盲审、查重和毕业答辩，可谓层层修订完善打磨方可完成。

　　毕业后我来到北京工商大学任教，无论是在授课还是在研究过程中，我都聚焦于综合收益这个话题，于我而言让更多的人认识并理解综合收益是一件有意义的事情。从综合收益的产生来看，在本质上拓展了收益的会计含义，将企业内部的信息外部化、透明化。然而，综合收益信息的披露过程并非一帆风顺，在披露的过程中势必给企业带来成本的增加，新的会计科目因为其业务的复杂性也会增加投资者的困惑。只有充分认识综合收益的特征和内涵，才能提高综合收益信息的应用价值。目前，无论是国际会计准则还是中国会计准则，对于综合收益信息的认知都存在很大完善和改进的空间，例如其他综合收益和净利润概念的界定，明晰其他综合收益确认的依据等，上述问题都未从实质上得到根本解决，导致现实中的折中处理不尽如人意。总而言之，我们目前对其他综合收益的认知滞后于企业外部日新月异的环境变化以及内部发展需要产生的业务模式创新。如何提高综合收益会计信息的透明度，如何从概念到内涵合理的界定综合收益，始终是困扰会计准则制定机构的难题，也是我研究的出发点和兴趣点。我相信，这本专著不会是我综合收益研究的终点，而是我研究过程的记录，并为日后的研究打下夯实的基础。

　　当然，无论是博士毕业论文，还是该本专著，都不仅仅是我一个人的努力成果，这里凝结着很多人的心血与付出。在本著作的编写过程中，杨有红教授和王瑞华教授都给予了我很多的指导和帮助，此外刘红霞教授、孟焰教授、廖冠民教授、王彦超教授、吴溪教授、余应敏教授、李晓慧教授等老师，都在百忙之中给我的论文提出了宝贵的意见。感谢中国财经出版传媒集团庞丽佳老师，在本书文字处理、校对等方面的辛勤劳动。

要感谢的人实在是太多太多，"路漫漫其修远兮，吾将上下而求索"，我想我会在日后研究综合收益的道路上不畏艰难继续前行！

李　梓

二零一九年一月